FACETTEN

Deutsche Literatur der Gegenwart

Erarbeitet von
Brigitte Bialkowski
Günther Einecke
Jörg Ulrich Meyer-Bothling
Doris Post
Eike Thürmann
Christoph Walther

Ernst Klett Schulbuchverlag Leipzig
Leipzig Stuttgart Düsseldorf

Im Textteil mit * gekennzeichnete Überschriften stammen nicht von den Autorinnen und Autoren, sondern wurden von der Redaktion hinzugefügt.

Informationen und Materialien zum Buch finden Sie im Internet unter
http://www.klett-verlag.de/facetten

| 1. Auflage | 1 ⁵ ⁴ ³ ² ¹ | 2006 2005 2004 2003 2002 |

Dieses Werk folgt der reformierten Rechtschreibung und Zeichensetzung. Ausnahmen bilden Texte, bei denen künstlerische, philologische oder lizenzrechtliche oder andere Gründe einer Änderung entgegenstehen. Verfasser, deren Texte in einer anderen als der reformierten Schreibung wiedergegeben werden, sind im Inhaltsverzeichnis mit * gekennzeichnet.
Alle Drucke dieser Auflage können im Unterricht nebeneinander benutzt werden, sie sind untereinander unverändert. Die letzte Zahl bezeichnet das Jahr dieses Druckes.

Ernst Klett Schulbuchverlag Leipzig GmbH, Leipzig 2002
Alle Rechte vorbehalten.
Internetadresse: http://www.klett-verlag.de

Trotz aller Bemühungen war es in einigen Fällen nicht möglich, den Rechteinhaber ausfindig zu machen. Berechtigte Ansprüche werden selbstverständlich im Rahmen der üblichen Vereinbarungen abgegolten.

Redaktion: Sabine Grunow, Jens Kapitzky
Layout und Satz: Artbox Grafik & Satz GmbH, Bremen
Umschlag: Artbox Grafik & Satz GmbH, Bremen, unter Verwendung von zwei Arbeiten von Bill Viola:
„The Stopping Mind" (Video/Sound Installation 1991; Foto: Kira Perov) und „The Passing"
(Videotape 1991; Foto: Kira Perov).

Druck: Aprinta, Wemding

ISBN 3-12-350444-1

INHALT

SPIEGELUNGEN – DEUTSCHE LITERATUR SEIT 1945

1. **Im Schatten von Krieg und Holocaust** 6
   1.1 Die Stimmen der Überlebenden 6
       Anna Seghers – Paul Celan – Nelly Sachs – Günter Eich – Wolfgang Borchert – Walter von Molo – Thomas Mann
   1.2 Nachforschungen 13
       Helmut Heißenbüttel – Peter Weiss – Alexander Kluge – Bernhard Schlink

2. **Ankunft im Alltag** 19
   Eduard Claudius – Brigitte Reimann – Wolfgang Koeppen – Martin Walser – Ingeborg Bachmann – Günter Grass* – Hans Magnus Enzensberger* – Peter Huchel – Wolf Biermann – Volker Braun* – Thomas Bernhard*

3. **Wunderbare Jahre** 30
   Heinrich Böll – Reiner Kunze* – Elfriede Jelinek – Gabriele Wohmann*

4. **Im Rückblick** 36
   Zoë Jenny – Herta Müller – Judith Hermann

CHRISTA WOLF* – EINE SCHRIFTSTELLERIN IN IHRER ZEIT

1. **Die Auseinandersetzung mit der DDR-Wirklichkeit** 42
   Der geteilte Himmel 42
   Nachdenken über Christa T. 45
   Dokumente zur Zensurgeschichte 48

2. **Kindheitsbewältigung und Selbstbefragung** 50
   Kindheitsmuster 50

3. **Gegen-Welten** 53
   Kein Ort. Nirgends 53
   Medea. Stimmen 55

4. **Die Christa-Wolf-Debatte** 60
   Kontroverse Standpunkte 60
   Ulrich Greiner – Volker Hage
   Die Akte Margarete 62

   Autoren- und Quellenverzeichnis 65
   Abbildungsverzeichnis 65

Vorwort

Zweifellos hat die deutschsprachige Literatur der Gegenwart viele Facetten – einige der wichtigsten können Sie mithilfe dieses Leseheftes etwas näher kennen lernen.
Die Wege, auf denen man sich der Literatur nähern kann, sind vielfältig. Dieses Leseheft präsentiert Ihnen zwei ganz unterschiedliche Arten, sich Texten und Ihren Autorinnen und Autoren zu nähern.
Im ersten Teil werden thematische Schwerpunkte gesetzt, zu denen dann unterschiedliche Texte in der Reihenfolge ihres Erscheinens präsentiert werden. So kann deutlich werden, welche Fragen zu unterschiedlichen Zeiten in der Literatur der Bundesrepublik Deutschland und/oder der DDR eine besondere Rolle gespielt haben. Manche Texte ergänzen sich, andere stehen eher kontrastiv nebeneinander – und in vielen Fällen wären natürlich auch Ergänzungen oder alternative Texte denkbar, die selbstverständlich mit herangezogen werden können.
Das Ende des Zweiten Weltkrieges und des Nationalsozialismus hat auch eine literarische Zäsur gesetzt. Folgerichtig setzt das Kapitel mit der unmittelbaren Nachkriegszeit ein. Wie eng auch die jüngste Gegenwartsliteratur noch immer und immer wieder mit dem Nationalsozialismus und der Nachkriegszeit verbunden ist, zeigt sich u. a. an dem 1995 erschienenen Roman „Der Vorleser" von Bernhard Schlink. Das Buch ist eines der international erfolgreichsten deutschsprachigen Bücher der letzten Jahrzehnte und zugleich eine der häufigsten Schullektüren. Von der Kritik zunächst sehr freundlich aufgenommen, haben sich inzwischen auch sehr kritische Stimmen zu Wort gemeldet, die nicht so sehr literarische Aspekte kritisieren, sondern vielmehr, welches Bild von den historischer Ereignissen im Nationalsozialismus Schlink zeichnet. Man sieht: Auch wenn sich viele der interessantesten Texte der letzten Jahre wieder ganz der Gegenwart zugewendet haben – noch immer hat jener Satz Gültigkeit, mit dem Christa Wolfs Roman „Kindheitsmuster" beginnt: „Das Vergangene ist nicht tot; es ist nicht einmal vergangen."
Am literarischen Werk Christa Wolfs, dem der zweite Teil dieses Heftes gewidmet ist, kann beispielhaft nachvollzogen werden, wie Biografie und Werk ineinander verwoben sind und wie die Gestaltung historischer Stoffe zugleich der Verarbeitung ganz persönlicher Schwierigkeiten und einschneidender Erlebnisse dienen kann. Dies gilt für die hier in Ausschnitten präsentierten Texte ebenso wie für „Kassandra", „Sommerstück" oder auch für die im Frühjahr 2002 erschienene Erzählung „Leibhaftig". Dass der biografische Blick allein nicht genügt, um sich als Leserin oder Leser einen literarischen Text zu erschließen – auch das machen die Ausschnitte aus Christa Wolfs Werk klar. Denn vieles an ihrem Werk gerät erst dann in den Blick, wenn man historischen, sozialen und vor allem literarischen Bezügen und Anspielungen nachgeht.

Dieses Heft und die hier versammelten Texte sind vor allem eines: ein Lese-Angebot.
Es wäre schön, wenn Sie dieses Angebot annehmen würden. Wir wünschen Ihnen in jedem Fall viel Spaß dabei!

SPIEGELUNGEN

Deutsche Literatur seit 1945

Anna Seghers

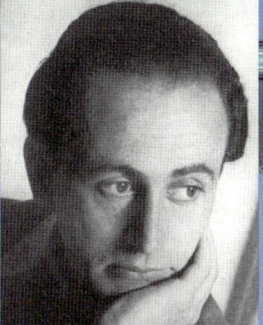
Paul Celan

Peter Weiss

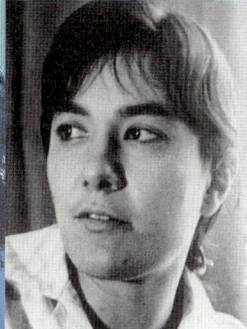
Brigitte Reimann

Martin Walser

Ingeborg Bachmann

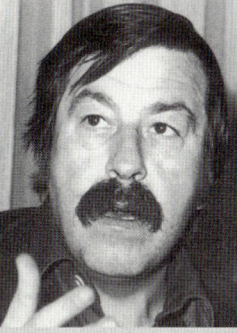
Günter Grass

Peter Huchel

Heinrich Böll

Hans Magnus Enzensberger

Volker Braun

Thomas Bernhard

Elfriede Jelinek

Christa Wolf

Zoë Jenny

Judith Hermann

1 Im Schatten von Krieg und Holocaust

1.1 Die Stimmen der Überlebenden

Anna Seghers
Zwei Denkmäler

In der Emigration begann ich eine Erzählung, die der Krieg unterbrochen hat. Ihr Anfang ist mir noch in Erinnerung. Nicht Wort für Wort, aber dem Sinn nach. Was mich damals erregt hat, geht mir auch heute noch nicht aus dem Kopf. Ich erinnere mich an eine Erinnerung.

In meiner Heimat, in Mainz am Rhein, gab es zwei Denkmäler, die ich niemals vergessen konnte, in Freude und Angst auf Schiffen, in fernen Städten. Eins ist der Dom. – Wie ich als Schulkind zu meinem Erstaunen sah, ist er auf Pfeilern gebaut, die tief in die Erde hineingehen – damals kam es mir vor, beinahe so tief wie der Dom hochragt. Ihre Risse sind auszementiert worden, sagte man, in vergangener Zeit, da, wo das Grundwasser Unheil stiftete. Ich weiß nicht, ob es stimmt, was uns ein Lehrer erzählte: Die romanischen und gotischen Pfeiler seien haltbarer als die jüngeren.

Zerstörtes Mainz, 1947

Dieser Dom über der Rheinebene wäre mir in all seiner Macht und Größe im Gedächtnis geblieben, wenn ich ihn auch nie wieder gesehen hätte. Aber ebenso wenig kann ich ein anderes Denkmal in meiner Heimatstadt vergessen. Es bestand nur aus einem einzigen flachen Stein, den man in das Pflaster einer Straße gesetzt hat. Hieß die Straße Bonifaziusstraße? Hieß sie Frauenlobstraße? Das weiß ich nicht mehr. Ich weiß nur, dass der Stein zum Gedächtnis einer Frau eingefügt wurde, die im ersten Weltkrieg durch Bombensplitter umkam, als sie Milch für ihr Kind holen wollte. Wenn ich mich recht erinnere, war sie die Frau des jüdischen Weinhändlers Eppstein. – Menschenfresserisch, grausam war der erste Weltkrieg, man begann aber erst an seinem Ende mit Luftangriffen auf Städte und Menschen. Darum hat man zum Gedächtnis der Frau den Stein gesetzt, flach wie das Pflaster, und ihren Namen eingraviert. –

Der Dom hat die Luftangriffe des zweiten Weltkriegs irgendwie überstanden, wie auch die Stadt zerstört worden ist. Er ragt über Fluss und Ebene. Ob der kleine flache Gedenkstein noch da ist, das weiß ich nicht. Bei meinen Besuchen hab ich ihn nicht mehr gefunden.

In der Erzählung, die ich vor dem zweiten Weltkrieg zu schreiben begann und im Krieg verlor, ist die Rede von dem Kind, dem die Mutter Milch holen wollte, aber nicht heimbringen konnte. Ich hatte die Absicht, in dem Buch zu erzählen, was aus diesem Mädchen geworden ist. *(1965)*

● **Nachschlagen, erkunden:**
Erinnerte Heimat – ein Hauptmotiv der Emigrationsliteratur

● **Lesetipps:**
Anna Seghers: Der Ausflug der toten Mädchen
Das siebte Kreuz

Paul Celan
Todesfuge

Schwarze Milch der Frühe wir trinken sie abends
wir trinken sie mittags und morgens wir trinken sie nachts
wir trinken und trinken
wir schaufeln ein Grab in den Lüften da liegt man nicht eng
Ein Mann wohnt im Haus der spielt mit den Schlangen der schreibt
der schreibt wenn es dunkelt nach Deutschland dein goldenes
                                                        Haar Margarete
er schreibt es und tritt vor das Haus und es blitzen die Sterne er
                                          pfeift seine Rüden herbei
er pfeift seine Juden hervor lässt schaufeln ein Grab in der Erde
er befiehlt uns spielt auf nun zum Tanz

Schwarze Milch der Frühe wir trinken dich nachts
wir trinken dich morgens und mittags wir trinken dich abends
wir trinken und trinken
Ein Mann wohnt im Haus der spielt mit den Schlangen der schreibt
der schreibt wenn es dunkelt nach Deutschland dein goldenes
                                                       Haar Margarete
Dein aschenes Haar Sulamith wir schaufeln ein Grab in den
                                          Lüften da liegt man nicht eng

Er ruft stecht tiefer ins Erdreich ihr einen ihr andern singet und
                                                             spielt
er greift nach dem Eisen im Gurt er schwingts seine Augen sind
                                                             blau
stecht tiefer die Spaten ihr einen ihr andern spielt weiter zum Tanz
                                                                       auf

Schwarze Milch der Frühe wir trinken dich nachts
wir trinken dich mittags und morgens wir trinken dich abends
wir trinken und trinken
ein Mann wohnt im Haus dein goldenes Haar Margarete
dein aschenes Haar Sulamith er spielt mit den Schlangen

Er ruft spielt süßer den Tod der Tod ist ein Meister aus Deutschland
er ruft streicht dunkler die Geigen dann steigt ihr als Rauch in die
                                                                    Luft
dann habt ihr ein Grab in den Wolken da liegt man nicht eng

Schwarze Milch der Frühe wir trinken dich nachts
wir trinken dich mittags der Tod ist ein Meister aus Deutschland
wir trinken dich abends und morgens wir trinken und trinken
der Tod ist ein Meister aus Deutschland sein Aug ist blau
er trifft dich mit bleierner Kugel er trifft dich genau
ein Mann wohnt im Haus dein goldenes Haar Margarete
er hetzt seine Rüden auf uns er schenkt uns ein Grab in der Luft
er spielt mit den Schlangen und träumet der Tod ist ein Meister
                                                              aus Deutschland

dein goldenes Haar Margarete
dein aschenes Haar Sulamith

(1948)

Theodor W. Adorno hatte in Frage gestellt, dass es möglich sei, nach Auschwitz Gedichte zu schreiben.

Sie, die Sprache, blieb unverloren, ja, trotz allem. Aber sie musste nun hindurchgehen durch ihre eigenen Antwortlosigkeiten, hindurchgehen durch furchtbares Verstummen, hindurchgehen durch die tausend Finsternisse todbringender Rede. Sie ging hindurch und gab keine Worte her für das, was geschah; aber sie ging durch dieses Geschehen. Ging hindurch und durfte wieder zu Tage treten, ‚angereichert' von all dem. Denn das Gedicht ist nicht zeitlos. Gewiss, es erhebt einen Unendlichkeitsanspruch, es sucht, durch die Zeit hindurchzugreifen – durch sie hindurch, nicht über sie hinweg. Das Gedicht kann (…) eine Flaschenpost sein, aufgegeben in dem (…) Glauben, sie könnte irgendwo und irgendwann an Land gespült werden, an Herzland vielleicht.
(Paul Celan, 1958)

Am Text erarbeiten:
Das Gedicht, das 1948 entstanden ist und ursprünglich ‚Todestango' hieß, arbeitet mit den klassisch modernen Mitteln von Verschränkung und Wiederholung und Variation der Motive und Bilder.
(Heinz Ludwig Arnold, 1995)

Nelly Sachs
Chor der Geretteten

Wir GERETTETEN,
Aus deren hohlem Gebein der Tod schon seine Flöten
schnitt,
An deren Sehnen der Tod schon seinen Bogen strich –
Unsere Leiber klagen noch nach
Mit ihrer verstümmelten Musik.
Wir Geretteten,
immer noch hängen die Schlingen für unsere Hälse
gedreht
Vor uns in der blauen Luft –
Immer noch füllen sich die Stundenuhren mit unserem
tropfenden Blut.

Wir Geretteten,
Immer noch essen an uns die Würmer der Angst.
Unser Gestirn ist vergraben im Staub.
Wir Geretteten
Bitten euch:

Zeigt uns langsam eure Sonne.
Führt uns von Stern zu Stern im Schritt.
Lasst uns das Leben leise wieder lernen.
Es könnte sonst eines Vogels Lied,
Das Füllen des Eimers am Brunnen
Unseren schlecht versiegelten Schmerz aufbrechen
lassen
Und uns wegschäumen –

Wir bitten euch:
Zeigt uns noch nicht einen beißenden Hund –
Es könnte sein, es könnte sein
Dass wir zu Staub zerfallen –
Vor euren Augen zerfallen in Staub.
Was hält denn unsere Webe zusammen?
Wir odemlos gewordene,
Deren Seele zu Ihm floh aus der Mitternacht
Lange bevor man unseren Leib rettete
In die Arche des Augenblicks.
Wir Geretteten,
Wir drücken eure Hand,
Wir erkennen euer Auge –
Aber zusammen hält uns nur noch der Abschied,
Der Abschied im Staub
Hält uns mit euch zusammen.

(1946)

Analysieren, diskutieren:
„Berufung: Wunde zu sein"
(Nelly Sachs)

Günter Eich
Inventur

Dies ist meine Mütze,
dies ist mein Mantel,
hier mein Rasierzeug
im Beutel aus Leinen.

Konservenbüchse:
Mein Teller, mein Becher,
ich hab in das Weißblech
den Namen geritzt.

Geritzt hier mit diesem
kostbaren Nagel,
den vor begehrlichen
Augen ich berge.

Im Brotbeutel sind
ein Paar wollene Socken
und einiges, was ich
niemand verrate,

so dient er als Kissen
nachts meinem Kopf.
Die Pappe hier liegt
zwischen mir und der Erde.

Die Bleistiftmine
lieb ich am meisten:
Tags schreibt sie mir Verse,
die nachts ich erdacht.

Dies ist mein Notizbuch,
dies meine Zeltbahn,
dies ist mein Handtuch,
dies ist mein Zwirn.

(1947)

In der 1949 erschienenen Anthologie „Tausend Gramm" prägte der Lyriker Wolfgang Weyrauch den Begriff „Kahlschlagliteratur": „Die Verfasser des Kahlschlags (…) fangen in Sprache, Substanz und Konzeption von vorn an. Es sei erlaubt, das, was ich meine, durch ein Gedicht zu exemplifizieren, durch die außerordentlichen Verse Günter Eichs, die er ‚Inventur' überschrieben hat und die zuerst in der Sammlung von Gedichten deutscher Kriegsgefangener *Deine Söhne, Europa* (…) erschienen sind."

Wolfgang Borchert
Draußen vor der Tür (Auszug)

Vorspruch
Ein Mann kommt nach Deutschland.
Er war lange weg, der Mann. Sehr lange. Vielleicht zu lange. Und er kommt ganz anders wieder, als er wegging. Äußerlich ist er ein naher Verwandter jener Gebilde, die auf den Feldern stehen, um die Vögel (und abends manchmal auch die Menschen) zu erschrecken. Innerlich – auch. Er hat tausend Tage draußen in der Kälte gewartet. Und als Eintrittsgeld musste er mit seiner Kniescheibe bezahlen. Und nachdem er nun tausend Nächte draußen in der Kälte gewartet hat, kommt er endlich doch noch nach Hause.
Ein Mann kommt nach Deutschland.
Und da erlebt er einen ganz tollen Film. Er muss sich während der Vorstellung mehrmals in den Arm kneifen, denn er weiß nicht, ob er wacht oder träumt. Aber dann sieht er, dass es rechts und links neben ihm noch mehr Leute gibt, die alle dasselbe erleben. Und er denkt, dass es dann doch wohl die Wahrheit sein muss. Ja, und als er dann am Schluss mit leerem Magen und kalten Füßen wieder auf der Straße steht, merkt er, dass es eigentlich nur ein ganz alltäglicher Film war, ein ganz alltäglicher Film. Von einem Mann, der nach Deutschland kommt, einer von denen. Einer von denen, die nach Hause kommen und die dann doch nicht nach Hause kommen, weil für sie kein Zuhause mehr da ist. Und ihr Zuhause ist dann draußen vor der Tür. Ihr Deutschland ist draußen, nachts im Regen, auf der Straße.
Das ist ihr Deutschland.

Cover der Erstausgabe von „Draußen vor der Tür"

Der Traum

(In der Elbe. Eintöniges Klatschen kleiner Wellen. Die Elbe. Beckmann)

BECKMANN: Wo bin ich? Mein Gott, wo bin ich denn hier?

ELBE: Bei mir.

BECKMANN: Bei dir? Und – wer bist du?

ELBE: Wer soll ich denn sein, du Küken, wenn du in St. Pauli von den Landungsbrücken ins Wasser springst?

BECKMANN: Die Elbe?

ELBE: Ja, die. Die Elbe.

BECKMANN *(erstaunt)*: Du bist die Elbe!

ELBE: Ah, reißt du deine Kinderaugen auf, wie? Du hast wohl gedacht, ich wäre ein romantisches junges Mädchen mit blassgrünem Teint? Typ Ophelia mit Wasserrosen im aufgelösten Haar? Du hast am Ende gedacht, du könntest in meinen süßduftenden Lilienarmen die Ewigkeit verbringen. Nee, mein Sohn, das war ein Irrtum von dir. Ich bin weder romantisch noch süßduftend. Ein anständiger Fluss stinkt. Jawohl. Nach Öl und Fisch. Was willst du hier?

BECKMANN: Pennen. Da oben halte ich das nicht mehr aus. Das mache ich nicht mehr mit. Pennen will ich. Tot sein. Mein ganzes Leben lang tot sein. Und pennen. Endlich in Ruhe pennen. Zehntausend Nächte pennen.

ELBE: Du willst auskneifen, du Grünschnabel, was? Du glaubst, du kannst das nicht mehr aushalten, hm? Da oben, wie? Du bildest dir ein, du hast schon genug mitgemacht, du kleiner Stift. Wie alt bist du denn, du verzagter Anfänger?

BECKMANN: Fünfundzwanzig. Und jetzt will ich pennen.

ELBE: Sieh mal, fünfundzwanzig. Und den Rest verpennen. Fünfundzwanzig und bei Nacht und Nebel ins Wasser steigen, weil man nicht mehr kann. Was kannst du denn nicht mehr, du Greis?

BECKMANN: Alles, alles kann ich nicht mehr da oben. Ich kann nicht mehr hungern. Ich kann nicht mehr humpeln und vor meinem Bett stehen und wieder aus dem Haus raushumpeln, weil das Bett besetzt ist. Das Bein, das Bett, das Brot – ich kann das nicht mehr, verstehst du!

ELBE: Nein. Du Rotznase von einem Selbstmörder. Nein, hörst du! Glaubst du etwa, weil deine Frau nicht mehr mit dir spielen will, weil du hinken musst und weil dein Bauch knurrt, deswegen kannst du hier bei mir untern Rock kriechen? Einfach so ins Wasser jumpen? Du, wenn alle, die Hunger haben, sich ersaufen wollten, dann würde die gute alte Erde kahl wie die Glatze eines Möbelpackers werden, kahl und blank. Nee, gibt es nicht, mein Junge. Bei mir kommst du mit solchen Ausflüchten nicht durch. Bei mir wirst du abgemeldet. Die Hosen sollt man dir stramm ziehen, Kleiner, jawohl! Auch wenn du sechs Jahre Soldat warst. Alle waren das. Und die hinken alle irgendwo. Such dir ein anderes Bett, wenn deins besetzt ist. Ich will dein armseliges bisschen Leben nicht. Du bist mir zu wenig, mein Junge. Lass dir das von einer alten Frau sagen: Lebe erst mal. Lass dich treten. Tritt wieder! Wenn du den Kanal voll hast, hier, bis oben, wenn du lahmgestrampelt bist und wenn dein Herz auf allen Vieren angekrochen kommt, dann können wir mal wieder über die Sache reden. Aber jetzt machst du keinen Unsinn, klar? Jetzt verschwindest du hier, mein Goldjunge. Deine kleine Hand voll Leben ist mir verdammt zu wenig. Behalt sie. Ich will sie nicht, du gerade eben Angefangener. Halt den Mund, mein kleiner Menschensohn! Ich will dir was sagen, ganz leise, ins Ohr, du, komm her: Ich scheiß auf deinen Selbstmord! Du Säugling. Pass gut auf, was ich mit dir mache. *(laut)* Hallo Jungens! Werft diesen Kleinen hier bei Blankenese wieder auf den Sand! Er will es noch mal versuchen, hat er mir eben versprochen. Aber sachte, er sagt, er hat ein schlimmes Bein, der Lausebengel, der grüne! *(1947)*

Analysieren, vergleichen:
– die Sprache Eichs und Borcherts
– das Motiv der Heimkehr in Borcherts Drama und Bölls Roman „Und sagte kein einziges Wort"

Lesetipps:
Carl Zuckmayer: Des Teufels General
Günther Weisenborn: Die Illegalen

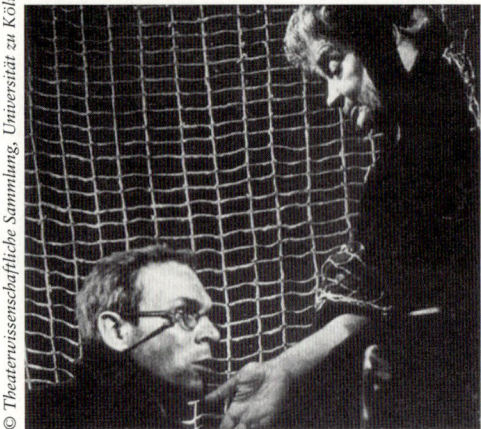

Württembergisches Staatstheater Stuttgart, 1961: Beckmann (Karl Renar), Die Elbe (Lina Carstens)

Walter von Molo
An Thomas Mann*

Lieber Herr Thomas Mann!
In den langen Jahren der Bestürzung der Menschenseelen habe ich viele Ihrer Äußerungen gehört – soweit sie gedruckt zu mir gelangen konnten – auch gelesen. Und immer freute, erschütterte mich Ihr treues Festhalten an unserem gemeinsamen Vaterlande. Nun lernte ich als letzte ihrer veröffentlichten Kundgebungen die kennen, die am 18. Mai in München veröffentlicht wurde: Auch hier wieder fand ich dankbar und mit nicht geringer Erschütterung das Gleiche –. Man sagte mir, dass Sie im Rundfunk am Tage Ihres 70. Geburtstages gesprochen hätten und mitteilten, Sie freuten sich auf das Wiedersehen mit Deutschland.
Mit aller, aber wahrhaft aller Zurückhaltung, die uns nach den furchtbaren zwölf Jahren auferlegt ist, möchte ich dennoch heute bereits und in aller Öffentlichkeit ein paar Worte zu Ihnen sprechen: Bitte, kommen Sie bald, sehen Sie in die vom Gram durchfurchten Gesichter, sehen Sie das unsagbare Leid in den Augen der vielen, die nicht die Glorifizierung unserer Schattenseiten mitgemacht haben, die nicht die Heimat verlassen konnten, weil es sich hier um viele Millionen Menschen handelte, für die kein anderer Platz auf der Erde gewesen wäre als daheim, in dem allmählich gewordenen großen Konzentrationslager, in dem es bald nur mehr Bewachende und Bewachte verschiedener Grade gab.
Bitte, kommen Sie bald und geben Sie den zertretenen Herzen durch Menschlichkeit den aufrichtigen Glauben zurück, dass es Gerechtigkeit gibt, man nicht pauschal die Menschheit zertrennen darf, wie es so grauenvoll hier geschah. Dieser Anschauungsunterricht entsetzlicher Art darf für die ganze Menschheit nicht verloren gehen, die nach Glauben und Wissen in einer dämonischen und höchst unvollkommenen Welt zu existieren versucht, mit dem in unserer Epoche die Blutrache beendenden, nach fester Ordnung suchenden Flehen: „Vergib uns unsere Schuld wie auch wir vergeben unseren Schuldigern. Erlöse uns von dem Übel."
Wir nennen das Humanität! *(1945)*

Die erste öffentliche Kontroverse nach Kriegsende um die Rolle der deutschen Schriftsteller

Zerstörtes Berlin 1945 – Blick vom KaDeWe auf die Ecke Nettelbeck-/Keithstraße

Thomas Mann
Warum ich nicht nach Deutschland zurückgehe*

Thomas Mann in seinem Arbeitszimmer in Pacific Palisades (Kalifornien) 1947

Lieber Herr von Molo!
(...)
Nun muss es mich ja freuen, dass Deutschland mich wiederhaben will – nicht nur meine Bücher, sondern mich selbst als Mensch und Person. Aber etwas Beunruhigendes, Bedrückendes haben diese Appelle doch auch für mich, und etwas Unlogisches, sogar Ungerechtes, nicht Wohlüberlegtes spricht mich daraus an. Sie wissen nur zu gut, lieber Herr von Molo, wie teuer „Rat und Tat" heute in Deutschland sind, bei der fast heillosen Lage, in die unser unglückliches Volk sich gebracht hat, und ob ein schon alter Mann, an dessen Herzmuskel die abenteuerliche Zeit doch auch ihre Anforderungen gestellt hat, direkt, persönlich, im Fleische noch viel dazu beitragen kann, die Menschen, die Sie so ergreifend schildern, dort aus ihrer tiefen Gebeugtheit aufzurichten, scheint mir recht zweifelhaft. Dies nur nebenbei. Nicht recht überlegt aber scheinen mir bei jenen Aufforderungen auch die technischen, bürgerlichen, seelischen Schwierigkeiten, die meiner „Rückwanderung" entgegenstehen.

Sind diese zwölf Jahre und ihre Ergebnisse denn von der Tafel zu wischen und kann man tun, als seien sie nicht gewesen? Schwer genug, atembeklemmend genug war, Anno dreiunddreißig, der Schock des Verlustes der gewohnten Lebensbasis, von Haus und Land, Büchern, Andenken und Vermögen, begleitet von kläglichen Aktionen daheim, Ausbootungen, Absagen. Nie vergesse ich die analphabetische und mörderische Radio- und Pressehetze gegen meinen Wagner-Aufsatz, die man in München veranstaltete und die mich erst recht begreifen ließ, dass mir die Rückkehr abgeschnitten sei; das Ringen nach Worten, die Versuche zu schreiben, zu antworten, mich zu erklären, die „Briefe in die Nacht" wie René Schickele, einer der vielen dahingegangenen Freunde, diese erstickten Monologe nannte. Schwer genug war, was dann folgte, das Wanderleben von Land zu Land, die Passsorgen, das Hoteldasein, während die Ohren klangen von den Schandgeschichten, die täglich aus dem verlorenen, verwilderten, wildfremd gewordenen Lande herüberdrangen. Das haben Sie alle, die Sie dem „charismatischen Führer" (entsetzlich, entsetzlich, die betrunkene Bildung!) Treue schworen und unter Goebbels Kultur betrieben, nicht durchgemacht. Ich vergesse nicht, dass Sie später viel Schlimmeres durchgemacht haben, dem ich entging; aber das haben Sie nicht gekannt, das Herzasthma des Exils, die Entwurzelung, die nervösen Schrecken der Heimatlosigkeit.

Zuweilen empörte ich mich gegen die Vorteile, deren Ihr genosset. Ich sah darin eine Verleugnung der Solidarität. Wenn damals die deutsche Intelligenz, alles, was Namen und Weltnamen hatte, Ärzte, Musiker, Lehrer, Schriftsteller, Künstler, sich wie ein Mann gegen die Schande erhoben, den Generalstreik erklärt, manches hätte anders kommen können, als es kam. Der Einzelne, wenn er zufällig kein Jude war, fand sich immer der Frage ausgesetzt: „Warum eigentlich? Die anderen tun doch mit. Es kann doch so gefährlich nicht sein."

Ich sage: Zuweilen empörte ich mich. Aber ich habe Euch, die Ihr dort drinnen saßet, nie beneidet, auch in Euren größten Tagen nicht. Dazu wusste ich zu gut, dass diese großen Tage nichts als blutiger Schaum waren und rasch zergehen würden. (...)

Fern sei mir Selbstgerechtigkeit! Wir draußen hatten gut tugendhaft sein und Hitlern die Meinung sagen. Ich hebe keinen Stein auf, gegen niemanden. Ich bin nur scheu und „fremdle", wie man von kleinen Kindern sagt. Ja, Deutschland ist mir in all diesen Jahren doch recht fremd geworden. Es ist, das müssen Sie zugeben, ein beängstigendes Land. Ich gestehe, dass ich mich vor den deutschen Trümmern fürchte, dass die Verständigung zwischen einem, der den Hexensabbat von außen erlebte, und Euch, die Ihr mitgetanzt und Herrn Urian aufgewartet habt, immerhin schwierig wäre. (...)

(1945)

● **Untersuchen, analysieren:**
„Deutschland" als Aufgabe – ein Vergleich der Positionen Manns und von Molos

1.2 Nachforschungen

Helmut Heißenbüttel
Kalkulation über was alle gewusst haben

natürlich haben alle was gewusst der eine dies und der andere das aber niemand mehr als das und es hätte schon jemand sich noch mehr zusammenfragen müssen wenn er das
5 gekonnt hätte aber das war schwer weil jeder immer nur an der oder der Stelle dies oder das zu hören kriegte heute weiß es jeder weil jeder es weiß aber da nützt es nichts mehr weil jeder es weiß heute bedeutet es
10 nichts mehr als dass es damals etwas bedeutet hat als jeder nicht alles sondern nur dies oder das zu hören kriegte usw.
einige haben natürlich etwas mehr gewusst das waren die die sich bereit erklärt hatten
15 mitzumachen und die auch insofern mitmachten als sie halfen die andern zu Mitmachern zu machen mit Gewalt oder mit Versprechungen denn wer geholfen hat hat natürlich auch was wissen müssen es hat zwar
20 vor allen verheimlicht werden können aber nicht ganz vor allen usw.
und dann gab es natürlich welche die schon eine ganze Menge wussten die mittlere Garnitur die auf dem einen oder dem anderen
25 Sektor was zu sagen hatten da haben sie zwar nur etwas verwalten können was organisiert war denen waren gewisse Einzelheiten bekannt sie hätten sich vielleicht auch das Ganze zusammenreimen können oder
30 haben es vielleicht sogar getan aber sie trauten sich nicht und vor allem fehlte ihnen eins und das war der springende Punkt was sie hätten wissen müssen wenn sie wirklich usw.
35 die da oben wussten natürlich das meiste auch untereinander denn wenn sie nichts voneinander gewusst hätten hätten sie es auch nicht machen können und es hätte gar nichts geklappt denn so etwas musste funk-
40 tionieren und was nicht und wo einer nicht funktionierte da musste er erledigt werden wie sich schon gleich zu Anfang und noch deutlicher später gegen Ende gezeigt hat usw.
45 und natürlich wussten die paar die fast alles wussten auch schon fast alles und wie es funktionierte und wie durch Mitwissen Mitwisser und Mitwisser zu Mittätern Mittäter zu Übelwissern Übelwisser zu Übeltätern
50 usw. denn die fast alles wussten waren so mächtig dass sie fast alles tun konnten auch Mitwisser zu Mittätern Mittäter zu Übelwissern Übelwisser zu Übeltätern usw. die haben es schon gewusst und weil sie es ge-
55 wusst haben sind sie bei der Stange geblieben denn es war ihre Angelegenheit usw. und weil man sagen kann dass die es schon gewusst haben sagt man heute oft dass die es waren die dies aber das das stimmt nicht
60 völlig denn sie haben nicht gewusst obs auch funktioniert und das
denn das hat natürlich nur ein einziger gewusst aber wenn er gewusst hat den springenden Punkt sozusagen dass es auch funk-
65 tioniert und dass es weils funktioniert auch passiert und das ist ja auch genau passiert usw. das was alle gewusst haben das hat er natürlich nicht gewusst denn das konnte er nicht wissen er hatte ja keine Ahnung davon
70 was alle dachten und sich überlegten usw. aber gerade daran lag es schließlich dass es funktionierte dass alle was gewusst haben aber nur einer obs funktionierte aber nicht wusste dass es nur deshalb funktionierte
75 weil er nicht wusste was alle wussten usw. die etwas mehr wussten konnten nichts machen ohne die die etwas wussten die schon eine ganze Menge wussten konnten nichts machen ohne die die etwas mehr wussten
80 die fast alles wussten konnten nichts machen ohne die die schon eine ganze Menge wussten usw. aber weil alle bis auf den einen nicht wussten obs auch wirklich funktionierte konnten sie nichts machen ohne den der
85 schon wusste dass es funktionierte aber nicht wusste was alle wussten nämlich dass sie nicht wussten obs auch funktionierte

und so hat das funktioniert
(1965)

Die literarischen Methoden (…) versuchen, ganz neue und unbekannte Sprachwelten zu erfinden. Zugleich bleiben sie vor dem, was als zufällige Momentaufnahme eines zeitlich einmaligen Sprachzustands fixierbar ist, stehen. (…)
Die Sprache (…) bedient sich einmal antisyntaktischer und antigrammatischer Methoden (…). Sie versucht sozusagen neue Sprachfelder herzustellen, die von sich aus, durch die Konsequenz ihrer Erfindung, literarisches Gewicht haben. Sie reproduziert auf der anderen Seite die mumifizierbaren, fotografierbaren Sprachnuancen in deren zufälligen Zusammenhängen, um so unmittelbar und gleichsam dokumentarisch das sprachliche Vermittlungsbild der Realität aufzufangen. Sprachaufschlüsselnde und sprachreproduzierende Methoden bilden eine neue Fähigkeit des Literarischen aus. Diese Fähigkeit (…) bewirkt so etwas wie eine sprachliche Verdoppelung der Welt.
(Helmut Heißenbüttel, 1963)

Am Text überprüfen:
Heißenbüttels politische Position

Peter Weiss
Die Ermittlung (Auszug)

Gesang vom Unterscharführer Stark
III

Personen:
Richter
Vertreter der Anklage
stellt Staatsanwalt und Nebenkläger dar
Vertreter der Verteidigung
Angeklagte 1–18
stellen authentische Personen dar
Zeugen 1–9
stellen abwechselnd die verschiedensten anonymen Zeugen dar

RICHTER	Angeklagter Stark Haben Sie nie bei Vergasungen mitgewirkt
ANGEKLAGTER 12	Einmal musste ich da mittun
RICHTER	Um wie viel Menschen handelte es sich
ANGEKLAGTER 12	Es können 150 gewesen sein Immerhin 4 Lastwagen voll
RICHTER	Was für Häftlinge waren es
ANGEKLAGTER 12	Es war ein gemischter Transport
RICHTER	Was hatten Sie zu tun
ANGEKLAGTER 12	Ich stand draußen vor der Treppe nachdem ich die Leute ins Krematorium geführt hatte Die Sanitäter die für die Vergasung zuständig waren hatten die Türen zugeschlossen und trafen ihre Vorbereitungen
RICHTER	Woraus bestanden die Vorbereitungen
ANGEKLAGTER 12	Sie stellten die Büchsen bereit und setzten sich Gasmasken auf dann gingen sie die Böschung hinauf zum flachen Dach Im Allgemeinen waren 4 Leute erforderlich Diesmal fehlte einer und sie riefen dass sie noch jemanden brauchten Weil ich der Einzige war der hier rumstand sagte Grabner Los hier helfen Ich bin aber nicht gleich gegangen Da kam der Schutzhaftlagerführer und sagte Etwas plötzlich Wenn Sie nicht raufgehn werden Sie mit rein geschickt Da musste ich hinauf und beim Einfüllen helfen
RICHTER	Wo wurde das Gas eingeworfen
ANGEKLAGTER 12	Durch Luken in der Decke
RICHTER	Was haben denn die Menschen da unten gemacht in diesem Raum
ANGEKLAGTER 12	Das weiß ich nicht
RICHTER	Haben Sie nichts gehört von dem was sich da unten abspielte
ANGEKLAGTER 12	Die haben geschrien

KZ Auschwitz-Birkenau 1939–1945

RICHTER	Wie lange
ANGEKLAGTER 12	So 10 bis 15 Minuten
RICHTER	Wer hat den Raum geöffnet
ANGEKLAGTER 12	Ein Sanitäter
RICHTER	Was haben Sie da gesehn
ANGEKLAGTER 12	Ich habe nicht genau hingesehen
RICHTER	Hielten Sie das was sich Ihnen zeigte für Unrecht
ANGEKLAGTER 12	Nein durchaus nicht Nur die Art
Richter	Was für eine Art
ANGEKLAGTER 12	Wenn jemand erschossen wurde das war etwas anderes Aber die Anwendung von Gas das war unmännlich und feige
RICHTER	Angeklagter Stark Während Ihrer Studien zur Reifeprüfung kam Ihnen da niemals ein Zweifel an Ihren Handlungen
ANGEKLAGTER 12	Herr Vorsitzender ich möchte das einmal erklären Jedes dritte Wort schon in unserer Schulzeit handelte doch von denen die an allem schuld waren und die ausgemerzt werden mussten Es wurde uns eingehämmert dass dies nur zum Besten des eigenen Volkes sei In den Führerschulen lernten wir vor allem alles stillschweigend entgegenzunehmen Wenn einer noch etwas fragte dann wurde gesagt Was getan wird geschieht nach dem Gesetz Da hilft es nichts dass heute die Gesetze anders sind Man sagte uns Ihr habt zu lernen ihr habt die Schulung nötiger als Brot Herr Vorsitzender Uns wurde das Denken abgenommen Das taten ja andere für uns *Zustimmendes Lachen der Angeklagten* (1965)

Anmerkung:
Bei der Aufführung dieses Dramas soll nicht der Versuch unternommen werden, den Gerichtshof, vor dem die Verhandlungen über das Lager geführt wurden, zu rekonstruieren. Eine solche Rekonstruktion erscheint dem Schreiber des Dramas ebenso unmöglich, wie es die Darstellung des Lagers auf der Bühne wäre. Hunderte von Zeugen traten vor dem Gericht auf. Die Gegenüberstellung von Zeugen und Angeklagten, sowie die Reden und Gegenreden, waren von emotionalen Kräften überladen.
Von all dem kann auf der Bühne nur ein Konzentrat der Aussage übrig bleiben.
Dieses Konzentrat soll nichts anderes enthalten als Fakten, wie sie bei der Gerichtsverhandlung zur Sprache kamen. Die persönlichen Erlebnisse und Konfrontationen müssen einer Anonymität weichen. Indem die Zeugen im Drama ihre Namen verlieren, werden sie zu bloßen Sprachrohren. Die 9 Zeugen referieren nur, was hunderte ausdrückten.
Die Verschiedenheiten in den Erfahrungen können höchstens angedeutet werden in einer Veränderung der Stimme und Haltung.
Zeuge 1 und 2 sind Zeugen, die auf Seiten der Lagerverwaltung standen.
Zeuge 4 und 5 sind weibliche, die übrigen männliche Zeugen aus den Reihen der überlebenden Häftlinge.
Die 18 Angeklagten dagegen stellen jeder eine bestimmte Figur dar. Sie tragen Namen, die aus dem wirklichen Prozess übernommen sind. Dass sie ihre eigenen Namen haben, ist bedeutungsvoll, da sie ja auch während der Zeit, die zur Verhandlung steht, ihre Namen trugen, während die Häftlinge ihre Namen verloren hatten.
Doch sollen im Drama die Träger dieser Namen nicht noch einmal angeklagt werden. Sie leihen dem Schreiber des Dramas nur ihre Namen, die hier als Symbole stehen für ein System, das viele andere schuldig werden ließ, die vor diesem Gericht nie erschienen.

„Die Ermittlung" von Peter Weiss wurde am 19. Oktober 1965 von 15 Theatern gleichzeitig uraufgeführt.

Vorwort

Die Erzählungen dieses Bandes stellen aus sehr verschiedenen Aspekten die Frage nach der Tradition. Es handelt sich um Lebensläufe, teils erfunden, teils nicht erfunden; zusammen ergeben sie eine traurige Geschichte.

Es mag darauf hingewiesen werden, dass sich gelegentlich auch kurze dokumentarische Passagen und Einblendungen aus fremden Texten finden.

Brief des SS-Obersturmbannführers Brandt an Professor Clauberg vom 10. 7. 42: „Der Reichsführer-SS hat mich heute beauftragt, an Sie zu schreiben und Ihnen seinen Wunsch zu übermitteln, doch einmal nach vorheriger Absprache mit SS-Obergruppenführer Pohl und dem Lagerarzt des Frauen-Konzentrationslagers in Ravensbrück nach Ravensbrück zu fahren, um dort die Sterilisierung von Jüdinnen nach Ihrem Verfahren durchzuführen. (…)

Über die Wirksamkeit der erfolgten Sterilisierung müssten dann auch eingehende Versuche durchgeführt werden (…) In dem einen oder anderen Fall dürfte aber auch ein praktischer Versuch in der Weise durchgeführt werden, dass man eine Jüdin mit einem Juden für eine gewisse Zeit zusammensperrt und dann sieht, welcher Erfolg dabei auftritt."

Alexander Kluge
Lebensläufe (Auszug)

Ein Liebesversuch

Als das billigste Mittel, in den Lagern Massensterilisationen durchzuführen, erschien 1943 Röntgenbestrahlung. Zweifelhaft war, ob die so erzielte Unfruchtbarkeit nachhaltig war. Wir führten einen männlichen und einen weiblichen Gefangenen zu einem Versuch zusammen. Der dafür vorgesehene Raum war größer als die meisten anderen Zellen, er wurde mit Teppichen der Lagerleitung ausgelegt. Die Hoffnung, dass die Gefangenen in ihrer hochzeitlich ausgestatteten Zelle dem Versuch Genüge leisteten, erfüllte sich nicht.

Wussten sie von der erfolgreichen Sterilisation?

Das war nicht anzunehmen. Die beiden Gefangenen setzten sich in verschiedene Ecken des dielengedeckten und teppichbelegten Raumes. Es war durch das Bullauge, das der Beobachtung von außen diente, nicht zu erkennen, ob sie seit der Zusammenführung miteinander gesprochen hatten. Sie führten jedenfalls keine Gespräche. Diese Passivität war deshalb besonders unangenehm, weil hochgestellte Gäste sich zur Beobachtung des Versuchs angesagt hatten; um den Fortgang des Experiments zu beschleunigen, befahl der Standortarzt und Leiter des Versuchs, den beiden Gefangenen die Kleider fortzunehmen.

Schämten sich die Versuchspersonen?

Man kann nicht sagen, dass die Versuchspersonen sich schämten. Sie blieben im Wesentlichen auch ohne ihre Kleidung in den bis dahin eingenommenen Positionen, sie schienen zu schlafen. (…) Für den Versuch war es wichtig, dass die Versuchspersonen endlich mit dem Versuch begannen, da nur so mit Sicherheit festgestellt werden konnte, ob die unauffällig erzeugte Unfruchtbarkeit bei den behandelten Personen auch über längere Zeitabschnitte hin wirksam blieb. Die am Versuch beteiligten Mannschaften warteten in den Gängen des Schlosses, einige Meter von der Zellentür entfernt. (…) Ein Beobachter verfolgte den Lauf des Geschehens im Innenraum. So sollten die beiden Gefangenen in dem Glauben gewiegt werden, sie seien jetzt allein. Trotzdem kam in der Zelle keine erotische Stimmung auf. Fast glaubten die Verantwortlichen, man hätte einen kleineren Raum wählen sollen. Die Versuchspersonen selbst waren sorgfältig ausgesucht. Nach den Akten mussten die beiden Versuchspersonen erhebliches erotisches Interesse aneinander empfinden.

Woher wusste man das?

J., Tochter eines Braunschweiger Regierungsrates, Jahrgang 1915, also etwa 28 Jahre, mit arischem Ehemann, Abitur, Studium der Kunstgeschichte, galt in der niedersächsischen Kleinstadt G. als unzertrennlich von der männlichen Versuchsperson, einem gewissen P., Jahrgang 1900, ohne Beruf. Wegen P. gab die J. den rettenden Ehemann auf. Sie folgte ihrem Liebhaber nach Prag, später nach Paris. 1938 gelang es, den P. auf Reichsgebiet zu verhaften.

Einige Tage später erschien auf der Suche nach P. die J. auf Reichsgebiet und wurde ebenfalls verhaftet. Im Gefängnis und später im Lager versuchten die beiden mehrfach zueinander zu kommen. Insofern unsere Enttäuschung: Jetzt durften sie endlich und jetzt wollten sie nicht.

Waren die Versuchspersonen nicht willig?

Grundsätzlich waren sie gehorsam. Ich möchte also sagen: willig.
Waren die Gefangenen gut ernährt?
Schon längere Zeit vor Beginn des Versuchs waren die in Aussicht genommenen Versuchspersonen besonders gut ernährt worden. Nun lagen sie bereits zwei Tage im gleichen Raum, ohne dass Annäherungsversuche festzustellen waren. Wir gaben ihnen Eiweißgallert aus Eiern zu trinken, die Gefangenen nahmen das Eiweiß gierig auf. Oberscharführer Wilhelm ließ die beiden aus Gartenschläuchen anspritzen, anschließend wurden sie wieder, frierend, in das Dielenzimmer geführt, aber auch das Wärmebedürfnis führte sie nicht zueinander.
Fürchteten sie die Freigeisterei, der sie sich ausgesetzt sahen? Glaubten sie, dies wäre eine Prüfung, bei der sie ihre Moralität zu erweisen hätten? Lag das Unglück des Lagers wie ein hohe Wand zwischen ihnen?
Wussten sie, dass im Falle einer Schwängerung beide Körper seziert und untersucht würden?
Dass die Versuchspersonen das wussten oder auch nur ahnten, ist unwahrscheinlich. Von der Lagerleitung wurden ihnen wiederholt positive Zusicherungen für den Überlebensfall gemacht. Ich glaube, sie wollten nicht. Zur Enttäuschung des eigens herangereisten Obergruppenführers A. Zerbst und seiner Begleitung ließ sich das Experiment nicht durchführen, da alle Mittel, auch die gewaltsamen, nicht zu einem positiven Versuchsausgang führten. Wir pressten ihre Leiber aneinander, hielten sie unter langsamer Erwärmung in Hautnähe aneinander, bestrichen sie mit Alkohol und gaben den Personen Alkohol, Rotwein mit Ei, auch Fleisch zu essen und Schampus zu trinken, wir korrigierten die Beleuchtung, nichts davon führte jedoch zur Erregung.
Hat man denn alles versucht?
Ich kann garantieren, dass alles versucht worden ist. Wir hatten einen Oberscharführer unter uns, der etwas davon verstand. Er versuchte nach und nach alles, was sonst todsicher wirkt. Wir konnten schließlich nicht selbst hineingehen und unser Glück versuchen, weil das Rassenschande gewesen wäre. Nichts von den Mitteln, die versucht wurden, führte zur Erregung.
Wurden wir selbst erregt?
Jedenfalls eher als die beiden im Raum; wenigstens sah es so aus. Andererseits wäre uns das verboten gewesen. Infolgedessen glaube ich nicht, dass wir erregt waren. Vielleicht aufgeregt, da die Sache nicht klappte.

Will ich liebend dir gehören,
kommst du zu mir heute Nacht?

Es gab keine Möglichkeit, die Versuchspersonen zu einer eindeutigen Reaktion zu gewinnen, und so wurde der Versuch ergebnislos abgebrochen. Später wurde er mit anderen Personen wieder aufgenommen.
Was geschah mit den Versuchspersonen?
Die widerspenstigen Versuchspersonen wurden erschossen.
Soll das besagen, dass an einem bestimmten Punkt des Unglücks Liebe nicht mehr zu bewerkstelligen ist? *(1962)*

Das Motiv für den Realismus ist nie Bestätigung der Wirklichkeit, sondern Protest.
(Alexander Kluge)

Analysieren, diskutieren:
Wie und warum wird bei Weiss und Kluge die „Frage nach der Tradition" aufgeworfen?

Lesetipp:
Rolf Hochhuth: Eine Liebe in Deutschland

Bernhard Schlink
Der Vorleser (Auszug)

Der Roman spielt weitgehend im Nachkriegsdeutschland und beschreibt die Geschichte einer (Liebes-)Beziehung zwischen Michael, einem 15-jährigen Jungen, und Hanna, einer 34-jährigen Frau.
Der pubertierende Michael macht mit der erfahrenen Frau Erfahrungen, die völlig neu für ihn sind. Als Gegenleistung liest er ihr literarische Texte vor. Zur Beziehung zwischen beiden gehört schließlich das Ritual von reinigendem Bad, Liebesakt und anschließendem Vorlesen. Als die Beziehung abrupt endet, ahnt Michael weder etwas von Hannas NS-Vergangenheit noch von ihrem Analphabetismus.
Jahre später begegnen sich beide im Rahmen eines NS-Prozesses wieder: Hanna ist angeklagt, für den Tod von Häftlingen eines Außenlagers von Auschwitz mitverantwortlich zu sein. Sie verteidigt sich nicht und wird verurteilt. Während ihrer Haft lernt sie mit Michaels Hilfe lesen und schreiben. Kurz vor ihrer Entlassung – Michael hat bereits ihr Leben nach der Haft organisiert – verübt Hanna Selbstmord.

Im Juni flog das Gericht für zwei Wochen nach Israel. (...)
Ich hatte geplant, die zwei Wochen ganz ans Studium zu wenden. Aber es lief nicht so, wie ich es mir vorgestellt und vorgenommen hatte. Ich konnte mich nicht aufs Lernen konzentrieren, nicht auf die Professoren und nicht auf die Bücher. Wieder und wieder schweiften meine Gedanken ab und verloren sich in Bildern.
Ich sah Hanna bei der brennenden Kirche, mit hartem Gesicht, schwarzer Uniform und Reitpeitsche. Mit der Reitpeitsche zeichnet sie Kringel in den Schnee und schlägt gegen die Stiefelschäfte. Ich sah sie, wie sie sich vorlesen lässt. Sie hört aufmerksam zu, stellt keine Fragen und macht keine Bemerkungen. Als die Stunde vorbei ist, teilt sie der Vorleserin mit, dass sie morgen mit dem Transport nach Auschwitz geht. Die Vorleserin, ein schmächtiges Geschöpf mit schwarzen Haarstoppeln und kurzsichtigen Augen, beginnt zu weinen. Hanna schlägt mit der Hand gegen die Wand und zwei Frauen treten ein, auch sie Häftlinge in gestreiftem Gewand, und zerren die Vorleserin raus. Ich sah Hanna Lagerstraßen entlanggehen und in Häftlingsbaracken treten und Bauarbeiten überwachen. Sie tut alles mit demselben harten Gesicht, mit kalten Augen und schmalem Mund, und die Häftlinge ducken sich, beugen sich über die Arbeit, drücken sich an die Wand, in die Wand, wollen in der Wand verschwinden. Manchmal sind viele Häftlinge angetreten oder laufen hierhin und dorthin oder formen Reihen oder marschieren, und Hanna steht dazwischen und schreit Kommandos, das schreiende Gesicht eine hässliche Fratze, und hilft mit der Reitpeitsche nach. Ich sah den Kirchturm ins Kirchendach schlagen und die Funken stieben und hörte die Verzweiflung der Frauen. Ich sah die ausgebrannte Kirche am nächsten Morgen.
Neben diesen Bildern sah ich die anderen. Hanna, die in der Küche die Strümpfe anzieht; die vor der Badewanne das Frottiertuch hält, die mit wehendem Rock auf dem Fahrrad fährt, die im Arbeitszimmer meines Vaters steht, die vor dem Spiegel tanzt, die im Schwimmbad zu mir herüberschaut, Hanna, die mir zuhört, die zu mir redet, die mich anlacht, die mich liebt. Schlimm war, wenn die Bilder durcheinander gerieten. Hanna, die mich mit den kalten Augen und dem schmalen Mund liebt, die mir wortlos beim Vorlesen zuhört und am Ende mit der Hand gegen die Wand schlägt, die zu mir redet und deren Gesicht zur Fratze wird. Das Schlimmste waren die Träume, in denen mich die harte, herrische, grausame Hanna sexuell erregte und von denen ich in Sehnsucht, Scham und Empörung aufwachte. Und in der Angst, wer ich eigentlich sei.
Ich wusste, dass die fantasierten Bilder armselige Klischees waren. Sie wurden der Hanna, die ich erlebt hatte und erlebte, nicht gerecht. Gleichwohl waren sie von großer Kraft. Sie zersetzten die erinnerten Bilder von Hanna und verbanden sich mit den Bildern vom Lager, die ich im Kopf hatte.
Wenn ich heute an die Jahre damals denke, fällt mir auf, wie wenig Anschauung es eigentlich gab, wie wenig Bilder, die das Leben und Morden in den Lagern vergegenwärtigten. Wir kannten von Auschwitz das Tor mit seiner Inschrift, die mehrstöckigen Holzpritschen, die Haufen von Haar und Brillen und Koffern. (...)
Wir kannten einige Berichte von Häftlingen, aber viele Berichte sind bald nach dem Krieg erschienen und dann erst wieder in den Achtzigerjahren aufgelegt worden und gehörten dazwischen nicht in die Programme der Verlage. Heute sind so viele Bücher und Filme vorhanden, dass die Welt der Lager ein Teil der gemeinsamen vorgestellten Welt ist, die die gemeinsame wirkliche vervollständigt.
Die Fantasie kennt sich in ihr aus und seit der Fernsehserie „Holocaust" und Spielfilmen wie „Sophies Wahl" und besonders „Schindlers Liste" bewegt sie sich auch in ihr, nimmt nicht nur wahr, sondern ergänzt und schmückt sie aus. Damals hat die Fantasie sich kaum bewegt; sie hat gemeint, zu der Erschütterung, die der Welt der Lager geschuldet werde, passe die Bewegung der Fantasie nicht. Die paar Bilder, die sie alliierten Fotografien und Häftlingsberichten verdankte, betrachtete sie wieder und wieder, bis sie zu Klischees erstarrten. *(1995)*

2 Ankunft im Alltag

Eduard Claudius
Menschen an unserer Seite (Auszug)

Sind die Kammern mit dem Material gefüllt, so werden sie mit großen viereckigen Deckeln verschlossen. Festgeschraubt, müssen die den Druck und die Glut der Feuerung aushalten. Meist beginnen sie nach drei bis vier Brennprozessen zu zerbröckeln und auseinander zu fallen und man muss sie neu mauern.
Der Rahmen eines solchen Deckels besteht aus dickem Stahl; und in diesen Rahmen müssen die Schamottesteine freitragend eingesetzt werden. Für die Herstellung eines solchen Deckels gab es zur Zeit, als Hans Aehre in die Fabrik kam, im Frühjahr 1949, fünfzig Maurerstunden. Aehre, durch die Geschichte bei Lampert und den darauf folgenden Ausschluss aus der Partei völlig verstört und niedergeschlagen, sah den alten Feuerungsmaurern der Fabrik zu, die gleichgültig, träge und nur bemüht, ihren „Akkordsatz", wie sie es noch nannten, nicht zu drücken, an der Arbeit waren. Sie musterten ihn misstrauisch, wenn er abseits stand, und er dachte immer nur: Fünfzig Stunden! Fünfzig Stunden! Mein Gott, man könnte reich werden! Man könnte sich Bettzeug kaufen und Geschirr und man könnte die Schlafstube machen lassen und sich in der Woche einmal mehr Fleisch kaufen als gewöhnlich. Und einen Anzug, und ein Kleid, und für das Kind feste Schuhe, all das könnte man kaufen.
Aber für ihn ... für ihn war eine solche Arbeit unerreichbar. Er besserte hier die Fahrbahn aus, dort setzte er an einem Ofen ein paar Steine und fuhr, obwohl er als Maurer in die Fabrik gekommen war, sogar Schutt und schaufelte Schamotte.
Matschat, seit zwanzig Jahren in der Fabrik, Meister der Maurergruppe, hatte ihn, als er den Wunsch äußerte, auch einmal einen Deckel zu mauern, mit zusammengekniffenen Augen betrachtet und begütigend genuschelt: „Nun ... wollen mal sehen!" Aber seine Hand lag auf Aehre wie ein Hammer, schwer und nicht wegzureißen.
„Fertig?", gellte wohl seine Stimme durch die Halle. „Komm, fahr mal hier schnell den Schutt weg." Begehrte Aehre dann auf, so knurrte er: „Bist de nich zur Bewährung hergekommen? Du warst doch ausgeschlossen, ja?" Und der Maurer Aehre fuhr Schutt und schaufelte Schamotte, und Matschat, behaglich, feist und selbstbewusst, saß ihm wie ein Gespenst im Nacken.
Aber eines Tages – Matschat machte blau, und auch die Maurergruppe, die bisher die Ofendeckel gemauert hatte, war nicht anwesend – gelang es ihm, von Oberingenieur Septke den Auftrag für die Herstellung eines Deckels zu bekommen. Septke hatte ihn staunend angesehen, aus gutmütig verstehenden Augen: „Wie meinen Sie, Aehre? In fünfundzwanzig Stunden?" (...)
Aus allen Ecken der Ringofenhalle kamen Arbeiter herbei. Matschat kicherte: „Müde ist er! Er ist müde." Mit gepresster Stimme sagte er zu den Maurern: „Ich seh zu, dass ich für euch den Akkordsatz halte, dass ich meinen Lohn herausschlage, und der versaut alles." Zu Aehre gewandt: „Was meinst du, was du damit erreicht hast?"
Aehre wusste nicht, was er sagen sollte. Matschat fuhr fort: „Was er erreicht hat? Ich sag's euch grad heraus: Er hat euren Lohn gesenkt. Bis jetzt bekamen wir fünfzig Stunden für den Deckel, wir mussten nicht schuften und verdienten doch gut, und er macht ihn in dreizehn Stunden. Das heißt also, er hat uns alles versaut, reineweg versaut!" Sein Hohn war offensichtlich: „Aktivist Aehre, Aktivist!"
Aehre stand an jenem Morgen, müde und unausgeschlafen und kreisende Schatten vor den Augen, mitten im Lärm und Staub der Ringofenhalle, umringt von den Maurern und ihrem höhnischen Gelächter; er starrte sie an, sagte hilflos: „Ja, aber so ... so kann man das doch nicht sehen?"
Mehr brachte er nicht über die Lippen. Backhans war in der Partei und Matschat und unter denen, die um ihn herumstanden, waren noch verschiedene Genossen, doch keiner stand ihm bei. Seine ganze strahlend helle Freude, dass man nun nicht mehr fünfzig Stunden brauchen würde, dass ein klein wenig zur vorfristigen Erfüllung des Zwei-

Stoff und Thema des industriellen Wiederaufbaus wurden in *Menschen an unserer Seite* zum ersten Mal in einem DDR-Roman verarbeitet.
Der erste einer ganzen Reihe von Aufbauromanen wurde als Musterbeispiel des Sozialistischen Realismus gerühmt und brachte Claudius 1951 den Nationalpreis der DDR ein.
Claudius hatte, bevor er den Roman schrieb, selbst in der Brigade seines Vorbildes Garbe mitgearbeitet.

Der Held im Roman heißt nicht mehr (...) Garbe, sondern hat den sprechenden Namen Aehre: Einer von vielen, die eine Garbe ausmachen mögen. So gehört zu seiner Entwicklungsgeschichte die Erfahrung, dass er auf die Mitarbeit seiner Kollegen angewiesen ist, deren Ansprüchen an Arbeitsnorm und damit Verdienst der Einzelne nicht einfach zuwiderhandeln kann – Heiner Müller hat diese Episoden in seinem Lehrstück *Der Lohndrücker* (1957) aufgearbeitet.
(Wilfried Barner: *Geschichte der deutschen Literatur von 1945 bis zur Gegenwart*, 1994)

jahrplanes erreicht war, und der Stolz, dass er es getan hatte, all das erlosch, und mit grauem Gesicht dachte er: Mein Gott, was 100 hab ich nur gemacht? Was nur?

Er fühlte sich stumpf wie ein Messer, mit dem man über rauen Stein gefahren ist.

Alle im Kreis, Backhans und Kerbel, die Handlanger und die Arbeiter von den Stein-105 gutröhren, alle schwiegen mit stumpfen, verschlossenen Gesichtern. Die kreisenden Schatten vor Aehres Augen verschwanden. Er fragte Matschat ruhig: „Hör mal, wir sind doch Genossen …"

110 „Genossen? Wir? Und?"

„Und Backhans doch auch … Wir sind doch in der Partei und die Partei hat gesagt, nun, sie hat gesagt, der Zweijahrplan, und wir …"

115 Aber er brachte all die Worte nicht heraus; brennend starrte er in die Gesichter und konnte doch nicht sagen, was in ihm brannte. „Belehr mich nicht", hatte ihm Matschat entgegengebrüllt, „du nicht! Was bist du 120 denn schon für ein Genosse? Warst du nicht ausgeschlossen? Hat man dich nicht bei Lampert wegen deiner ewigen Stänkerei hinausgeworfen?"

Aehre hatte geschluckt, hatte sich Mühe ge-130 geben ruhig zu bleiben, obwohl es ihm in den Händen zuckte. Er gab nur bissig zurück: „In welcher SED bist du eigentlich?"

Matschat stotterte überrascht: „Was? Wieso?"

135 „Nun, wahrscheinlich nicht in der, in welcher ich bin", fuhr Aehre fort, „hast wahrscheinlich deine eigene Partei. Aber die Partei, in der ich bin, die hat gesagt, … nun, sie hat gesagt …" Er schwieg, als gehorche ihm 140 die Zunge nicht, aber es war so, dass er all die guten und teuren Worte der Partei, die wie eine rote Fahne vor ihm hergingen und die er in sich fühlte, vor diesem schiefmäuligen, aufgedunsenen Gesicht nicht heraus-145 brachte. Und diese Fahne, diese starken Worte: Unser Leben ist etwas, was wir selbst in der Hand haben. Unsere Arbeit gibt uns erst das Leben, gibt uns das, was wir für unser Leben brauchen. Unsere Arbeit ist nicht et-150 was, was uns knechtet, sondern was uns befreit, was uns unsere Würde gibt, was uns stolz und erst zu wahren Menschen macht. Wie ein dunkler feuriger Strom gehen diese Worte durch ihn, brennen in ihm mit nicht 155 zu verlöschender Flamme … Aber konnte man das alles so sagen?

Im Davongehen hörte er die Stimme Matschats hinter sich: „Nimm dich in Acht, Aehre! Wir schmeißen dich wieder raus …"

(1951)

○ **Untersuchen, vergleichen:**
die Darstellung in Claudius' Roman und Heiner Müllers Stück „Der Lohndrücker"

Brigitte Reimann
Ankunft im Alltag (Auszug)

Aus Brigitte Reimanns Tagebuch:
Hoy. (Hoyerswerda), 27. 3. 1960
Vor drei Wochen erste Buchlesung in der Brigade „10. Jahrestag", 35 Rohrleger und Schweißer; anschließend großes Besäufnis im Gasthaus „Schwarze Pumpe". Die jungen Leute machen mir den Hof, mein Buch hat Anklang gefunden – ein Jugendbuch, das in meiner Brigade spielen wird. Sie sind stolz, hoffen, sich porträtiert zu finden (…).

In seinem Zimmer lehnte der Meister über dem Schreibtisch; er winkte den Neulingen zu. „Glück auf!" Er hielt den Telefonhörer mit der hochgezogenen Schulter. „Ich kann 5 mir keine Schweißzeuge aus den Rippen schneiden … Frag den Dispatcher, manchmal weiß der auch was. Schluss!"

Er wählte eine neue Nummer, sprach rasch, knapp, lachte, machte einen Witz, er legte 10 auf und rief den Nächsten an: „Wir brauchen Elektroden. Sofort. Wir brauchen einen Wagen." Franz brachte Skizzen, Schweißer kamen, sie fragten, forderten, schimpften, das Telefon schrillte – Hamann schrieb, tele-15 fonierte, beschwichtigte gleichzeitig, seine Stimme behielt unverändert den Klang freundlicher Geduld.

„Der Boss hat Nerven", sagte Curt. „Findet ihr nicht, dass er aussieht wie Napoleon vor 20 der Schlacht?"

Eine friedliche Schlacht, fügte Nikolaus in Gedanken hinzu, und ein friedlicher, kluger Feldherr, für den es kein Waterloo geben wird. Er betrachtete das schöne, kräftige 25 Profil des Meisters; Andeutung von Härte in seinen Zügen wurde liebenswürdig gemildert durch das runde Doppelkinn.

Die drei standen entlang der Wand, sie horchten auf den lauten Wortwechsel und 30 die Dutzende von Fachausdrücken und versuchten zu verstehen, worum es hier ging. Wenn die eiserne Tür aufgerissen wurde, fiel für Sekunden das Dröhnen der Werkstatt über sie her, und wenigstens Nikolaus und 35 Recha fühlten sich überflüssig, peinlich überzeugt, sie stünden jedermann im Weg.

Curt zündete sich eine Zigarette an, er ging auf die Gruppe um Hamann zu und sagte: „Eigentlich müssten Sie doch Elektroden 40 vorrätig haben, Chef."

Hamann kniff die Lider zusammen, der herausfordernde Ton behagte ihm nicht, aber jedenfalls nahm er die Frage ernst und nahm auch den Neuen ernst und erklärte ihm gewisse ärgerliche Schwierigkeiten bei der Materialbeschaffung. „Wir arbeiten mit hochlegierten Stählen, die einem ungeheuren Druck ausgesetzt sind", sagte er. „Wir sind, vorläufig noch, auf Elektroden aus Westdeutschland angewiesen. Aber bei uns laufen Versuche, verstehst du, und unsere Brigade experimentiert mit diesen ersten DDR-Elektroden."

„Allerhand", sagte Curt, und der Meister sah, dass sein Gesicht einen Ausdruck von Beteiligtsein zeigte; er setzte hinzu: „Du kannst dir ausrechnen, was wir der DDR sparen, wenn die Versuche gelingen."

„Dicke Prämie fällig, wie?", sagte Curt und lachte und er rieb Daumen und Zeigefinger aneinander.

„'n paar Brausen möchten wohl rausspringen. Aber darum geht es nicht", sagte Hamann kühl und wandte sich ab. Hinter seinem Rücken grinste Curt, er dachte: Sieh mal an, Napoleon mimt den Idealisten, und die Rolle steht ihm nicht mal schlecht. Darum geht es nicht ... Das kann er seinem Parteisekretär erzählen, aber nicht mir. Als ob es nicht auch ihm darum ginge, möglichst viel Geld zu verdienen, Prämien einzustecken, einen Wagen zu fahren, wenn's reicht ...

Er starrte auf den breiten Rücken des Meisters, er dachte mit einer Regung von Hass: Wie sie mich anstinken, diese verdammten heuchlerischen Idealisten! Arbeit als Selbstzweck – was für ein Leben ...

Dann kam der Schweißingenieur Augustin ins Zimmer, ein magerer Mann im Tweedanzug, Baskenmütze auf dem grauen Haar. Er sagte, er habe einen Wagen und werde nach Cottbus fahren um Elektroden zu holen, er habe aber noch keinen Fahrer auftreiben können.

„Ich kann sie fahren", sagte Curt schnell.

„Fahrerlaubnis?"

„Schon lange. Ich bin ein sicherer Fahrer, mit 'nem starken Wagen fahr' ich 110 im Schnitt und Sie riskieren nichts", sagte Curt flehend.

„Patenter Junge", sagte Hamann. „Wenn ich schlachte, kriegst du 'n Stück Kuchen. Also los, ab geht die Post."

Augustin blieb vor Recha stehen, er sagte: „Ich muss Sie immer anschauen. Wissen Sie, dass Sie wie meine erste Liebe aussehen? Das schwarze Haar, diese Augen ..."

„Du wirst lyrisch, Genosse Augustin", sagte Hamann.

„Warum hast du sie nicht geheiratet?"

„Sie wollte mich nicht. Ich war ein armer Teufel damals. Studiert habe ich erst nach fünfundvierzig ... Ich habe sie auch mal wiedergetroffen. Sie hat drei Kinder." Er lächelte verlegen. „Na ja, das sind so alte Geschichten ..." Er nickte Recha zu und verließ mit Curt das Zimmer.

Sie war erleichtert, als Hamann sie beide zu sich rief. „Ich muss wohl keine feierlichen Worte murmeln", sagte er. „Worum es in unserem Kombinat geht, wisst ihr, wenn ihr's auch nur aus Schulbüchern wisst. Wir bauen das größte Braunkohleveredlungswerk der Welt", seine Stimme hatte nun doch einen feierlichen Klang, „und eines Tages werdet ihr stolz sein, dass ihr euren Teil dabei geleistet habt. Wir machen Geschichte hier ..., wenn wir selbst es auch manchmal vergessen." Er sah von einem zum anderen. „Es möchte sein, eure Reifeprüfung fängt heute erst an."

Sie nickten, sie nahmen seinen nachdenklichen und freundlichen Blick als Mahnung und zugleich als Ermunterung, und in diesem Moment sahen sie nicht mehr nur den dicken, behäbigen Mann in seiner abgetragenen blauen Bluse: Sie empfanden ihn als einen Teil der Kraft, die hier am Werk war.

„Wir werden uns Mühe geben", sagte Nikolaus.

„Sperrt die Augen auf", sagte Hamann abschließend, „und turnt nicht unter schwebenden Lasten rum. Die Brigade hat sich verpflichtet, unfallfrei zu arbeiten."

(1961)

Brigitte Reimann

🔵 **Untersuchen, analysieren:**
die Darstellung der gesellschaftlichen Widersprüche in der Aufbau-Literatur und das Selbstverständnis der Autorinnen und Autoren

Meister Hanke. Ein großartiger Mann, klug, gut, scharfsinnig, der ein paar gewichtige Verbesserungsvorschläge auf der Pfanne hat (... Versuche mit DDR-Elektroden. Bisher nur Westelektroden für hochlegierte Stähle ...). H. ist 36. Ich habe ihn auf 50 geschätzt, er ist sehr korpulent, fast kahlköpfig. Ein Beispiel von unendlichem Humor. Er ist der positive Held schlechthin. (...) Übermorgen fahre ich meine erste Schicht. Habe scheußliche Angst, aber Hanke wird mir die Angst schon nehmen. Die Brigade freut sich schon drauf, mich in Arbeitsklamotten und mit schmutzigen Pfoten zu sehen, sie wollen Fotografen bestellen. (...)

Hoy., 10. 4.
Produktionstag. Eine Stunde lang mit Hanke in der Brikettfabrik herumgestiefelt und negerschwarz zurückgekommen. (...) Er erinnert mich oft an Erwin Garbe, dessen starke Persönlichkeit mein Bild von einem guten Kommunisten geprägt hat.

Mit Koeppens *Tauben im Gras* (1951) erhielt die Erzählliteratur der frühen Bundesrepublik ihr erstes Exempel einer unerbittlichen epischen Zeitdiagnose unter den Vorzeichen erneuter Kriegsgefahr, kollektiver Verunsicherung und tief greifender Existenzangst. Koeppen hat dann in *Das Treibhaus* (1953) am Beispiel eines Bonner Bundestagsabgeordneten unmittelbar die neuen ökonomischen und ideologischen Machtstrukturen der Adenauer-Ära ins Visier genommen. Zentrierung auf die Hauptfigur und Verstärkung des Inneren Monologs ließen dort den Experimentalcharakter etwas zurücktreten. *Der Tod in Rom* (1954), dritter Teil der – erst dann so bezeichneten – Triologie, rückte die Zunahme neofaschistischer und antisemitischer Gewalt in den Blick. Der Roman verschärfte den decouvierenden Grund-gestus ins Makabre, ja Gespenstische.
(Wilfried Barner: *Geschichte der deutschen Literatur von 1945 bis zur Gegenwart*, 1994)

Rentendebatte im Bundestag am 18.01.1957
Die Minister Storch, Schäffer und Erhard im Gespräch

● **Am Text erarbeiten:**
Was unterscheidet die Sichtweise des Abgeordneten Keetenheuves von der der anderen?

Wolfgang Koeppen
Das Treibhaus (Auszug)

Sie sprachen von Bergarbeiterwohnungen auf neuem Siedlungsland bei den Halden, und ein Sachverständiger hatte die Quadratmeter errechnet, die jedem Siedler zugebilligt werden sollten, und ein anderer Sachverständiger hatte sich ausgedacht, wie primitiv und wie
5 billig man die Mauern ziehen könne. Korodin gehörten Anteile an den Gruben. Die Arbeiter förderten Kohle zutage und auf geheimnisvolle Weise verwandelte ihre Anstrengung Korodins Bankkonto. Die Arbeiter fuhren in den Schacht und Korodin las seinen neuen Saldo. Die Arbeiter gingen müde heim. Sie gingen durch die Vor-
10 stadt, gingen vorbei an den Halden, die immer noch wuchsen wie die Gebirge in der Urzeit, schwarze Tafelberge, die das Gesicht der Landschaft veränderten und auf deren staubigen Kuppen schmutzige Kinder Mörder und Detektiv, Winnetou und Old Shatterhand spielten. So sah Keetenheuve den Bergmann das Siedlungshaus erreichen,
15 das sie im Ausschuss berieten, das sie durchrechneten, das sie Gesetz werden ließen und für das sie die Mittel, die stolzen Ziffern auf dem Papier bewilligten. Der Bergmann betrat die von den Sachverständigen geforderten Mindestquadratmeter. Er teilte sie mit seiner Frau und seinen Kindern und mit Verwandten, die das Schicksal, Unglück
20 und Arbeitslosigkeit plötzlich zu ihm getrieben hatten, und mit Schlafgängern, deren Geld er brauchte, um die Raten für die abscheulichen, die unpraktischen, die viel zu großen und zu großspurigen Möbel zu zahlen, für das Schlafzimmer „Erika", das Wohnzimmer „Adolf", diese Schreckenskammern und Hausfrauenträume in
25 den Schaufenstern der Abzahlungsgeschäfte. Der Bergmann war zu Hause. Da summte es und sprach es, schrie, knarrte und quakte es aus Mündern und Lautsprechern, drang als Geschrei, Gekeif, Fluch, Klatsch und Gebuller, drang als Iphigenie auf Tauris und Totoansage durch des Sachverständigen Billigstmauern, und der Bergmann
30 denkt zurück an die Grube, denkt sich zurück in den tiefen Schacht, denkt: Vor Ort, wenn die Pressluftbohrer surren, wenn das Gestein knirscht und bricht, ist es in dem Geratter still. Und viele zogen willig in den Krieg, weil sie ihren Alltag hassten, weil sie das hässliche enge Leben nicht mehr ertragen konnten, weil der Krieg mit seinen
35 Schrecken auch Flucht und Befreiung war, die Möglichkeit des Reisens, die Möglichkeit des Sich-Entziehens, die Möglichkeit, in Rothschilds Villa zu wohnen. Überdruss erfüllte sie, ein verschwiegener Überdruss, der manchmal als Totschlag in Erscheinung trat, als Freitod, als scheinbar unbegreifliches Familiendrama, und doch war es
40 nur der Überdruss am Lärm der Siedlungen, der Unmut über so viel Nähe, der Ekel vor den Gerüchen des Essens und der Verdauung, vor den Ausdünstungen der viel getragenen Kleider und der eingelaugten Wäsche im Zuber, dem Bergmann wurde übel vor dem Schweiß der Frau (er liebte sie), vor den Ausscheidungen der Kinder
45 (er liebte sie), und wie ein Orkan umdröhnte ihn das unaufhörliche Gequatsch ihrer Lippen.
(...) Heineweg und Bierbohm waren's zufrieden. Sie stimmten den Vorschlägen der Sachverständigen bei; sie bewilligten die Mindestkosten, die Mindestquadratmeter, die Mindestwohnung. Die Woh-
50 nung würde gebaut werden. Heineweg und Bierbohm waren für das Schrebergartenglück. Sie sahen kleine Giebelhäuser entstehen und

hielten sie für gemütlich; sie sahen zufriedene Arbeiter klassenbewusst auf eigener Scholle säen und durch das geöffnete Fenster drang aus dem Lautsprecher des Radios eine aufmunternde Rede Knurrewahns. *Unser die Zukunft, unser die Welt.* Und Korodin war's zufrieden. Er stimmte den Vorschlägen der Sachverständigen bei; er bewilligte die Mindestkosten, die Mindestquadratmeter, die Mindestwohnung. Die Wohnung würde gebaut werden. Auch Korodin war für das Schrebergartenglück der Arbeiter, auch ihn erfreuten romantische Giebelhäuser im Grünen; er sah aber die Türen und Fenster an Fronleichnam mit Birken geschmückt, aus dem Lautsprecher drang die Predigt des Bischofs und zufriedene Arbeiter knieten im Vorgarten, fromm auf eigener Scholle, vor dem Allerheiligsten, das in der Prozession vorübergetragen wurde. *Der Herr ist mein Hirte, mir wird nichts mangeln.* Sie waren für Beschwichtigung. Heineweg, Bierbohm und Korodin, sie waren feindliche Brüder. Sie wussten es nicht, dass sie Brüder im Geiste waren. Sie hielten sich für Feinde. Aber sie waren Brüder. Sie berauschten sich an der gleichen wässerigen Limonade. *(1953)*

Die Politiker sollten sich nicht grämen, schon gar nicht beklagen, sie sollten sich fragen, warum es denn keinen einzigen Nachkriegsroman gibt, in dem sich die Bundesrepublik als blühendes, fröhliches Land dargestellt findet. Die berühmte Frage: Wo bleibt das Positive? – gar keine so dumme Frage – ist nicht nur falsch gestellt, sondern an die Falschen gerichtet: Warum schreibt keiner den fröhlichen Roman über dieses blühende Land? Es wird niemand daran gehindert. Offenbar gibt es Hindernisse, die weit tiefer liegen, als oberflächliche politische Gekränktheit vermuten könnte. Ein trauriges Land, aber ohne Trauer.
(Heinrich Böll, 1964)

Diskutieren, erörtern:
die Stellung der Schriftsteller in „ihrem" Staat in der frühen Bundesrepublik und in der DDR

Martin Walser
Ehen in Philippsburg (Auszug)

In planloser Verdrossenheit wanderte er ins Villenviertel hinauf. Frau Volkmann streifte gerade in Floridakleidung, mit ihren Pudeln spielend, durch den Park. Er hätte gerne weggeschaut, um ihr Gelegenheit zu geben, ein bisschen was umzutun, aber sie fühlte sich offensichtlich voll bekleidet und stürzte munter auf ihn zu, grüßte ihn wie einen langjährigen Freund und rief überlaut nach Anne. Die tauchte langsam, das Strickzeug in den Händen, auf ihrem Balkon auf, legte das Strickzeug sogar weg – was sie bloß mitten im Hochsommer zu stricken hatte! –, winkte herunter und bat ihn hinaufzukommen. Aber so leicht ließ sich die Mutter den jungen Mann nicht entreißen. Anne möge sich gefälligst herunter bemühen, es sei auch am kühlsten unter den Bäumen.
„Papa wird sich freuen, dass du da bist", sagte Anne, „er hat schon zweimal nach dir gefragt!"
„Nach mir", sagte Hans und errötete.
„Ja, ich glaub', er hat was vor mit dir", sagte Anne.
„Das sagt er uns nicht", sagte Frau Volkmann und lächelte großzügig; das hieß, dass sie ihrem Gatten die kleine Geheimnistuerei nicht übel nehme. Darum ergänzte sie auch: „Es muss etwas Geschäftliches sein." Also etwas, über das in ihrer Gegenwart auch besser nicht gesprochen wurde. Um Gottes willen, Geschäftliches, Ingenieurkram und Kaufmannswust! Hans sah, wie sie schon litt, wenn sie nur an diese tödlichen Sachlichkeiten dachte. Der Roboter und die Hindin!
Als Herr Volkmann dann endlich kam, war Hans sehr neugierig auf das, was man mit ihm vorhatte.
Herr Volkmann schien übrigens keine Notiz davon zu nehmen, dass die Luft weiß war vor Hitze und der Himmel seit Tagen aussah wie eine Brandblase. Er trug Anzug und Krawatte und hatte alle Knöpfe,

Vorbemerkung
„Der Roman enthält nicht ein einziges Porträt irgendeines bestimmten Zeitgenossen, aber es ist die Hoffnung des Verfassers, er sei Zeitgenosse genug, dass seine von der Wirklichkeit ermöglichten Erfindungen dem oder jenem wie eigene Erfahrungen anmuten."

Hans Magnus Enzensberger
Freizeit

Rasenmäher, Sonntag
der die Sekunden köpft
und das Gras.

Gras wächst
über das tote Gras
das über die Toten gewachsen ist.

Wer das hören könnt!

Der Mäher dröhnt,
überdröhnt
das schreiende Gras.

Die Freizeit mästet sich.
Wir beißen geduldig
ins frische Gras.

(1964)

Ludwig Erhard 1957

30 die zu schließen waren, geschlossen. Die Frauen schickte er weg. Anne ging rasch und freiwillig, Frau Volkmann aber betonte zuerst noch, dass sie sowieso nicht dageblieben wäre, dann zog sie sich, mit ihren Pudeln spielend, in die grüne Tiefe des Gartens zurück.
Herr Volkmann hob sein Gesicht, lächelt Hans eine Zeit lang an und 35 schabte mit einem weichen Zeigefinger in seinem Gesicht herum, dass sich der Zeigefinger, obwohl er kaum auf Knochen stieß, nach allen Richtungen abbog.
Hans bewunderte diesen Mann, dieses schüttere Männlein, das es sich leisten konnte, zu schweigen, zu lächeln und einen anzuschau- 40 en. Für wen lebte der eigentlich? Vielleicht würde er, fragte man ihn, antworten: Für meine sechstausend Arbeiter, für meine Fabrik! Vielleicht würde er sogar sagen: Für meine Familie, für Anne (...).
Gott sei Dank hatte ihn Herr Volkmann jetzt lange genug fixiert; er begann zu sprechen. Hans' Gesicht wurde heiß, er spürte seine Brau- 45 en, seine Lippen, seine Nase bis in die äußersten Enden: Herr Volkmann wollte für den Industrieverband, dessen Präsident er war, einen Pressedienst einrichten und Hans sollte diesen Pressedienst herausgeben, das habe er ja doch bei seinem zeitungswissenschaftlichen Studium gelernt! Hans sah sich in der Hauptstraße gehen, sah 50 sich in den gläsernen Schleusen eines kühlen Bürohauses, sah sich im Aufzug, sah sich, nach allen Seiten grüßend, einen Gang entlanggehen, eine Tür öffnen, zwei Sekretärinnen stürzten auf ihn zu, eine nahm ihm die Tasche, die andere Hut und Mantel ab, tatsächlich, er trug einen Hut, einen weichen grauen Sommerhut, leichthin schlen- 55 derte er durch die offene Tür in sein Büro, setzte sich an den riesigen schwarzen Schreibtisch, der auf schlanken Beinen frei im Raum stand; zwei Telefone gleißten ihn an, da surrte auch schon eins, kein grelles Geklingel, sondern ein angenehmes Surren, das ihm ins Ohr streichelte, dass er fröhlich nach dem Hörer griff und die höfliche 60 und respektvolle Anfrage des anderen mit ein paar klugen, ohne jedes Stocken vorgebrachten Sätzen freundlichst beantwortete. Er wurde gebraucht! Zum ersten Mal in seinem Leben wollte ihn jemand haben. Zum ersten Mal war es nicht er, der sich zögernd und vor Erregung unregelmäßig atmend einer böse geschlossenen Tür 65 näherte, dreimal ansetzte bis er zu klopfen wagte, zum ersten Mal tat sich die furchtbare Geschlossenheit dieses Häusermeeres auf um ihn einzulassen, und ein Mann trat hervor und sagte: Sie werden erwartet. Er hätte Herrn Volkmann umarmen mögen! (...)
Und Anne sollte seine Mitarbeiterin werden. Sie wusste es schon. Sie 70 hatte nichts verraten, weil sie nicht sicher war, ob er annehmen würde. Was diese reichen Leute sich alles vorstellen können! Die können sich sogar vorstellen, dass einer ein Angebot ablehnt. Ein Hans Beumann, der zeit seines Lebens zwischen Fakultäten herumirrte; der immer ein Zuschauer war; der jeden bewundern musste, der eine 75 Hantierung hatte, über die er sich beugen konnte; der jeden beneidete, der seiner Nützlichkeit so sicher war, dass man es ihm noch auf der Straße ansah. Und da fragte Anne noch, ob er es sich auch genau überlegt habe. Sein Geld reichte noch für acht Tage und von seiner Mutter durfte er nichts mehr nehmen. Eine als Pressedienst getarnte 80 Industriewerbung, na und? Sie kenne ja seine politische Einstellung nicht, sagte Anne. Hans sah sie an. Ach so, politisch. Jaja, das sei etwas anderes. Aber dann sprach er lieber von den nächsten Dingen.
(1957)

○ **Am Text erarbeiten:**
„Hans bewunderte diesen Mann"
Rolle und Perspektive des Erzählers und ihre Funktion

○ **Darstellen, präsentieren:**
das „Wirtschaftswunder" als historisches Bezugsfeld des Romans

○ **Lesetipps:**
Günter Grass: Die Blechtrommel
Heinrich Böll: Billiard um halb zehn

Ingeborg Bachmann
Undine geht (Auszug)

Ihr Menschen! Ihr Ungeheuer!
Ihr Ungeheuer mit Namen Hans! Mit diesem Namen, den ich nie vergessen kann.
Immer wenn ich durch die Lichtung kam und die Zweige sich öffneten, wenn die Ruten mir das Wasser von den Armen schlugen, die Blätter mir die Tropfen von den Haaren leckten, traf ich auf einen, der Hans hieß. (...)
Ihr Ungeheuer mit euren Frauen!
Hast du nicht gesagt: Es ist die Hölle, und warum ich bei ihr bleibe, das wird keiner verstehen. Hast du nicht gesagt: Meine Frau, ja, sie ist ein wunderbarer Mensch, ja, sie braucht mich, wüsste nicht, wie ohne mich leben –? Hast du's nicht gesagt! Und hast du nicht gelacht und im Übermut gesagt: Niemals schwer nehmen, nie dergleichen schwer nehmen. Hast du nicht gesagt: So soll es immer sein, und das andere soll nicht sein, ist ohne Gültigkeit! Ihr Ungeheuer mit euren Redensarten, die ihr die Redensarten der Frauen sucht, damit euch nichts fehlt, damit die Welt rund ist. Die ihr die Frauen zu euren Geliebten und Frauen macht, Eintagsfrauen, Wochendfrauen, Lebenslangfrauen und euch zu ihren Männern machen lasst. (Das ist vielleicht ein Erwachen wert!) Ihr mit eurer Eifersucht auf eure Frauen, mit eurer hochmütigen Nachsicht und eurer Tyrannei, eurem Schutzsuchen bei euren Frauen, ihr mit eurem Wirtschaftsgeld und euren gemeinsamen Gutenachtgesprächen, diesen Stärkungen, dem Rechtbehalten gegen draußen, ihr mit euren hilflos gekonnten, hilflos zerstreuten Umarmungen. Das hat mich zum Staunen gebracht, dass ihr euren Frauen Geld gebt zum Einkaufen und für die Kleider und für die Sommerreise, da ladet ihr sie ein (ladet sie ein, zahlt, es versteht sich). Ihr kauft und lasst euch kaufen. Über euch muss ich lachen und staunen, Hans, Hans, über euch kleine Studenten und brave Arbeiter, die ihr euch Frauen nehmt zum Mitarbeiten, da arbeitet ihr beide, jeder wird klüger an einer anderen Fakultät, jeder kommt voran in einer anderen Fabrik, da strengt ihr euch an, legt das Geld zusammen und spannt euch vor die Zukunft. Ja, dazu nehmt ihr euch die Frauen auch, damit ihr die Zukunft erhärtet, damit sie Kinder kriegen, da werdet ihr mild, wenn sie furchtsam und glücklich herumgehen mit den Kindern in ihrem Leib. Oder ihr verbietet euren Frauen, Kinder zu haben, wollt ungestört sein und hastet ins Alter mit eurer gesparten Jugend. O das wäre ein großes Erwachen wert! Ihr Betrüger und Betrogenen. Versucht das nicht mit mir. Mit mir nicht! (...) Wenn ihr allein wart, ganz allein, und wenn eure Gedanken nichts Nützliches dachten, nichts Brauchbares, wenn die Lampe das Zimmer versorgte, die Lichtung entstand, feucht und rauchig der Raum war, wenn ihr so dastandet, verloren, für immer verloren, aus Einsicht verloren, dann war es Zeit für mich. Ich konnte eintreten mit dem Blick, der auffordert: Denk! Sei! Sprich es aus! – Ich habe euch nie verstanden, während ihr euch von jedem Dritten verstanden wusstet. Ich habe gesagt: Ich verstehe dich nicht, verstehe nicht, kann nicht verstehen! Das währte eine herrliche und große Weile lang, dass ihr nicht verstanden wurdet und selbst nicht verstandet, nicht warum dies und das, warum Grenzen und Politik und Zeitungen und Banken und Börse und Handel und dies immerfort. *(1961)*

Undine: im Wasser hausender weiblicher Elementargeist mit menschlicher Gestalt; die unsterbliche Seele wird Undine erst durch Vermählung mit einem irdischen Mann zuteil.
F. de la Motte Fouques romantische Märchennovelle „Undine" (1811) wurde von E.T.A. Hoffmann (1816) und A. Lortzing (1845) zu Opern verarbeitet.

Am Text erarbeiten:
die Undine-Figur als Medium der Kritik

In den Sechzigerjahren formierte sich in der Bundesrepublik ebenso wie in anderen westlichen Staaten eine starke Protestbewegung vor allem der Studenten sowohl gegen die Konsumgesellschaft und die „Bewusstseinsindustrie" der Medien als auch gegen den Vietnamkrieg, der als imperialistischer Übergriff gedeutet wurde. Schriftsteller, die sich bisher als kritische Außenseiter verstanden hatten, wurden nun als Teil des „Establishments" kritisiert, was zur These von der Ohnmacht, ja vom Tod der Literatur führte.

Günter Grass
In Ohnmacht gefallen

Wir lesen Napalm und stellen Napalm uns vor.
Da wir uns Napalm nicht vorstellen können,
lesen wir über Napalm, bis wir uns mehr
unter Napalm vorstellen können.
Jetzt protestieren wir gegen Napalm.
Nach dem Frühstück, stumm,
auf Fotos sehen wir, was Napalm vermag.
Wir zeigen uns grobe Raster
und sagen: Siehst du, Napalm.
Bald wird es preiswerte Bildbände
mit besseren Fotos geben,
auf denen deutlicher wird,
was Napalm vermag.
Wir kauen Nägel und schreiben Proteste.
Aber es gibt, so lesen wir,
Schlimmeres als Napalm.
Schnell protestieren wir gegen Schlimmeres.
Unsere berechtigten Proteste, die wir jederzeit
verfassen falten frankieren dürfen, schlagen zu Buch.
Ohnmacht, an Gummifassaden erprobt.
Ohnmacht legt Platten auf: ohnmächtige Songs.
Ohne Macht mit Guitarre. –
Aber feinmaschig und gelassen
wirkt sich draußen die Macht aus.

(1967)

Hans Magnus Enzensberger
Weitere Gründe dafür, daß die Dichter lügen

Weil der Augenblick,
in dem das Wort *glücklich*
ausgesprochen wird,
niemals der glückliche Augenblick ist.
Weil der Verdurstende seinen Durst
nicht über die Lippen bringt.
Weil im Munde der Arbeiterklasse
das Wort *Arbeiterklasse* nicht vorkommt.
Weil, wer verzweifelt,
nicht Lust hat, zu sagen:
„Ich bin ein Verzweifelnder."
Weil Orgasmus und *Orgasmus*
nicht miteinander vereinbar sind.
Weil der Sterbende, statt zu behaupten:
„Ich sterbe jetzt",
nur ein mattes Geräusch vernehmen läßt,
das wir nicht verstehen.
Weil es die Lebenden sind,
die den Toten in den Ohren liegen
mit ihren Schreckensnachrichten.
Weil die Wörter zu spät kommen,
oder zu früh.
Weil es also ein anderer ist,
immer ein anderer,
der da redet,
Und weil der,
von dem da die Rede ist,
schweigt.

(1978)

Untersuchen, vergleichen:
die Befunde, die Grass, Enzensberger und Huchel in ihren Gedichten formulieren

Peter Huchel
Traum im Tellereisen

Gefangen bist du, Traum.
Dein Knöchel brennt,
Zerschlagen im Tellereisen.

Wind blättert
Ein Stück Rinde auf.
Eröffnet ist
Das Testament gestürzter Tannen,
Geschrieben
In regengrauer Geduld
Unauslöschlich
Ihr letztes Vermächtnis –
Das Schweigen.

Der Hagel meißelt
Die Grabschrift auf die schwarze Glätte
Der Wasserlache.

(1963)

Wolf Biermann
Ermutigung
Peter Huchel gewidmet

Du, lass dich nicht verhärten
In dieser harten Zeit
Die all zu hart sind, brechen
Die all zu spitz sind, stechen
und brechen ab sogleich

Du, lass dich nicht verbittern
In dieser bittren Zeit
Die Herrschenden erzittern
– sitzt du erst hinter Gittern –
Doch nicht vor deinem Leid

Du, lass dich nicht erschrecken
In dieser Schreckenszeit
Das wolln sie doch bezwecken
Dass wir die Waffen strecken
Schon vor dem großen Streit

Du, lass dich nicht verbrauchen
Gebrauche deine Zeit
Du kannst nicht untertauchen
Du brauchst uns, und wir brauchen
Grad deine Heiterkeit

Wir wolln es nicht verschweigen
In dieser Schweigezeit
Das Grün bricht aus den Zweigen
Wir wolln das allen zeigen
Dann wissen sie Bescheid

(1965)

Peter Huchel
Das Gericht

Nicht dafür geboren,
unter den Fittichen der Gewalt zu leben,
nahm ich die Unschuld des Schuldigen an.

Gerechtfertigt
durch das Recht der Stärke,
saß der Richter an seinem Tisch,
unwirsch blätternd in meinen Akten.

Nicht gewillt,
um Milde zu bitten,
stand ich vor den Schranken,
in der Maske des untergehenden Monds.

Wandanstarrend
sah ich den Reiter, ein dunkler Wind
verband ihm die Augen,
die Sporen der Disteln klirrten.
Er hetzte unter Erlen den Fluss hinauf.

Nicht jeder geht aufrecht
durch die Furt der Zeiten.
Vielen reißt das Wasser
die Steine unter den Füßen fort.

Wandanstarrend,
nicht fähig,
den blutigen Dunst
noch Morgenröte zu nennen,
hörte ich den Richter
das Urteil sprechen,
zerbrochene Sätze aus vergilbten Papieren.
Er schlug den Aktendeckel zu.

Unergründlich,
was sein Gesicht bewegte.
Ich blickte ihn an
und sah seine Ohnmacht.
Die Kälte schnitt in meine Zähne.

(1972)

© Wolf Biermann

In der DDR erfuhren systemkritische Schriftsteller wie Peter Huchel oder Reiner Kunze ihre Ohnmacht durch sehr direkte Repressionen. Ihnen wurde von Seiten der Staatspartei fehlende sozialistische Parteilichkeit, Subjektivismus und Formalismus vorgeworfen. Huchel wurde gezwungen, die Leitung der Zeitschrift „Sinn und Form" abzugeben (1962), und schließlich zur Ausreise genötigt (1971). Der Liedermacher Wolf Biermann wurde 1962 aus der Partei ausgeschlossen, 1965 mit einem Auftrittsverbot belegt und 1976 aus der DDR ausgebürgert.

Zu den Schriftstellern der DDR, denen dieser Staat trotz allem Heimat und Hoffnung ist, zählt Volker Braun. Sein Hinze-Kunze-Roman erschien 1985 fast gleichzeitig in der Bundesrepublik und in der DDR, wo die Auslieferung des Buches am 10. September gestoppt wurde; eine zweite Auflage erschien erst Jahre später.

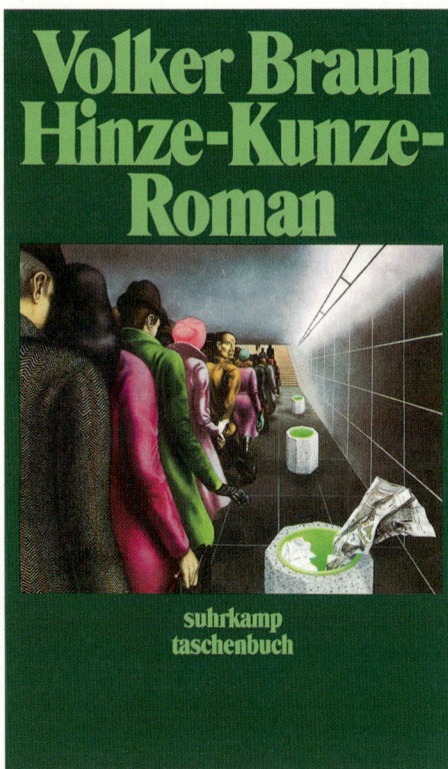

© Suhrkamp Verlag, Frankfurt 1985

● Nachschlagen, informieren:
Volker Braun als Schriftsteller in der DDR und in der Bundesrepublik

Volker Braun
Hinze-und-Kunze-Roman (Auszug)

Hinze, einem harmlosen Mann, der freundlich zwischen den Standpunkten vermittelte, standen aufreibende Erfahrungen bevor. Zwar sah er die Zusammenhänge von Planauflage Eigeninitiative Wohlstand und Rationalisierung, die ihn vom Stuhl rissen in der Ver-
5 sammlung und selbstvergessen reden machten. Und es war ein Spaß, Vorschläge hinzublättern und die anmaßenden Referenten in ihren Quark zu stippen. Dann war er wer, er war angesehn am roten Brett. Er entwickelte sich mit der Gesellschaft, sie verlangte nach ihm. Das war schon ein Glück. (...) Er fuhr seine Maschine, seine
10 Anlage, seinen Wagen, auf dem festgeschriebenen Gleis. Natürlich wurde daran gedreht. All diese lebendigen Leute, vom Dreher bis zum Generaldirektor, versuchten die Strukturen zu durchlöchern, sich kurzzuschließen, die Ebenen zu überspringen. Sie setzten die üblichen Waffen ein, die furchtbarste: das Vertrauen. Dagegen half nur
15 ein Mittel: Entzug der Informationen. Die Institutionen, Produkte langjähriger Arbeit von oben herab, die sich in der Landschaft festgesetzt hatten wie ägyptische Pyramiden, wehrten sich mit den alten plumpen Methoden, Tricks, zu denen ihre Mumien noch fähig waren. Das hat Hinze nie ganz begriffen, diese Dimension des Kampfs
20 ging ihm nicht auf: Er war Detailarbeiter. Und doch ahnte er zuletzt, dass es um das Ganze ging. Er lebte längst in den *besseren Zeiten*. Er hatte *alles*, hieß es. Ihm gehörten die Maschinen, jedenfalls nicht Krupp Flick Thyssen. Auf den Stühlen saßen seine Leute, konnte man sagen. Es war, sozusagen, sein Staat. Aber er stand noch immer
25 im Kampf! Der Kampf war nicht entschieden! Es war nicht viel gewonnen! Was herrschte hier? Das Tote, die Dinge, die Pyramide, oder seine Arbeit? Das Tote, oder das Lebendige? Er wechselte die Drehbank, er wechselte den Betrieb, er wechselte den Beruf. Er blieb im Clinch mit den gemachten, den vergangnen, den angehäuften
30 Formen. Die herrschende, die angeherrschte Klasse. Da machte Hinze, gelernter Dreher, Bestarbeiter, in den besseren Zeiten, eine sensationelle Entdeckung. Es gab nichts außer ihnen selbst, was ihrem Leben Sinn gab. Was sie nicht waren und taten und entschieden, war der Tod. Er hielt in der Arbeit inne, sah auf das verbissene Getüm-
35 mel, das aschgraue, mit Grünpflanzen getarnte Schlachtfeld. Er hatte nie etwas anderes gesehen. Er wußte nicht, wann der Kampf begonnen hatte. Aber alles deutete darauf hin, daß eine Entscheidung fallen mußte. So oder so; denn der Kampf hatte alles und jeden bis in die Fasern ergriffen. Entweder würden sie in den mächtigen eisernen
40 Bedingungen verschwinden, oder sie müßten sie zerbrechen, wie der Falter die Larve sprengt. Nicht mit einem Flügelschlag: aber um zu fliegen, um sich zu entfalten! Er blickte starr in die Halle hinein, er konzentrierte sich auf das Ende. Die ahnungslose Truppe putzte die Schlitten vor Feierabend, vom Fight gezeichnete Gestalten. Er stellte
45 sich das Finish vor, ein sagenhaftes Jahrtausend. Er ging durch das Tor hinaus, mit allen andern durch die akkurate neonbeleuchtete Unterführung. Er schritt aus, den Kopf zur Seite gedreht, skeptischen Blicks nach hinten, seine Lippen fest aufeinander, die Mundwinkel eine Spur herabgezogen, die Stirn gefurcht, Gesichtsfarbe ungesund
50 gelblichbraun, ein Krieger, der den Tod gesehn hat, am gestreckten Arm die Faust geballt um die Lohntüte. *(1985)*

Thomas Bernhard
Die Auslöschung (Auszug)

In Wirklichkeit arbeitete mein Bruder genauso wenig wie mein Vater, er stellte nur immer diese von allen bewunderte ununterbrochene Arbeit und diesen ununterbrochenen Arbeitseifer dar, der sie zufriedenstellte und der schließlich auch ihn selbst zufriedenstellte, weil er selbst auf einmal nicht mehr in der Lage gewesen war, einzusehen, dass er seinen Arbeitseifer für die Familie nur schauspielerte, aber gar nicht wirklich hatte. Mein Vater schauspielerte lebenslänglich den ungeheuer arbeitsamen, wenn nicht arbeitswütigen Landwirt, der niemals auch nur einen einzigen Augenblick zur Ruhe kommt, weil er sich eine solche Ruhe gar nicht gönnen kann aus lauter *Familiensinn*, genauso mein Bruder, der diese Schauspielerei von meinen Vater vollkommen naturgetreu übernommen hat, beide hatten sie bald begriffen, daß es genügt, Arbeit zu spielen, ohne sie wirklich zu tun. Im Grunde taten sie nichts, als ihre als Arbeit ausgegebene Schauspielerei möglichst zu perfektionieren, lebenslänglich, und sie erreichten ein hohes Maß an Könnerschaft auf diesem Gebiete, um nicht zu sagen, in dieser Kunst. Der Großteil der Menschheit, vor allem in Mitteleuropa, heuchelt Arbeit, schauspielert ununterbrochen Arbeit vor und perfektioniert bis ins hohe Alter diese geschauspielerte Arbeit, die mit wirklicher Arbeit genauso wenig zu tun hat, wie das wirkliche und tatsächliche Schauspiel mit dem wirklichen und tatsächlichen Leben. Da die Menschen aber immer lieber das Leben als Schauspiel sehen als das Leben selbst, das ihnen letzten Endes viel zu mühsam und trocken vorkommt, als eine unverschämte Demütigung, schauspielern sie lieber, als daß sie leben, schauspielern sie lieber, als daß sie arbeiten. So habe ich die Arbeit meines Vaters, die von allen Leuten immer sehr hoch eingeschätzt worden ist, niemals sehr hoch eingeschätzt, denn sie war doch meistens nichts anderes als Schauspielerei, wie die Arbeit meines Bruder, der sich mit größter Raffinesse diese Schauspielerei von seinem Vater abgeschaut hat, um sie selbst mit einer noch größeren Perfektion der bewundernden Umwelt vorzuführen. Aber nicht nur in den sogenannten höheren Ständen wird die Arbeit heute meistens nur mehr noch geschauspielert, denn wirklich getan, auch unter dem so genannten einfachen Volk ist diese Schauspielerei weit verbreitet, die Leute schauspielern an allen Ecken und Enden Arbeit, schauspielern Tätigkeit, wo sie in Wirklichkeit nichts als faulenzen und gar nichts tun und meistens auch noch, anstatt sich nützlich zu machen, den größten Schaden anrichten. Die meisten Arbeiter und Handwerker glauben heute, daß es genug ist, wenn sie den blauen Arbeitsanzug anziehen, ohne auch nur irgendetwas zu tun, von einer nützlichen Tätigkeit ganz zu schweigen, sie schauspielern Arbeit und ihr Kostüm ist der den ganzen Tag penetrant getragene blaue Arbeitsanzug, mit diesem rennen sie ununterbrochen umher und kommen tatsächlich sehr oft auch in Schweiß darin, aber dieser Schweiß ist ein falscher und deshalb perverser und beruht nur auf geschauspielerter Arbeit, keiner wirklichen. Auch das Volk ist längst darauf gekommen, daß geschauspielerte Arbeit einträglicher ist, als wirklich getane, wenn auch bei weitem nicht gesünder, im Gegenteil, und schauspielert Arbeit nur noch, anstatt sie tatsächlich zu verrichten, wodurch die Staaten auf einmal, wie wir sehen, vor dem Ruin stehen. In Wahrheit und in Wirklichkeit gibt es nurmehr noch Schauspieler auf der Welt, die Arbeit spielen, keine Arbeiter. Alles wird geschauspielert, nichts mehr wird wirklich getan. Wenn ich meinen Vater bei der Arbeit beobachtete, dachte ich sehr oft, er schauspielert ja nur, er arbeitet gar nicht, genauso ist es, was meinen Bruder betrifft. Ich mache ihnen ja keinen Vorwurf daraus, daß sie, in Wirklichkeit, ihre Arbeit nur vortäuschen und ihre Umwelt an der Nase herumführen, so wie die übrige Menschheit ihre Umwelt auch, aber sie sollten, sagte ich mir immer, nicht bei jeder Gelegenheit behaupten, sie arbeiten sich *zu Tode*. Und das auch noch ausgerechnet *für die Familie* und bei besonderen Gelegenheiten auch noch *für das Vaterland*.
(1986)

Warum Finsternis? Warum die immer gleiche totale Finsternis in meinen Büchern? Das ist kurz erklärt: In meinen Büchern ist alles *künstlich*, das heißt, alle Figuren, Ereignisse, Vorkommnisse spielen sich auf einer Bühne ab, und der *Bühnen*raum ist total finster. Auftretende Figuren auf einem *Bühnen*raum, in einem *Bühnen*viereck, sind durch ihre Konturen deutlicher zu erkennen, als wenn sie in der *natürlichen* Beleuchtung erscheinen wie in der üblichen uns bekannten Prosa. In der Finsternis wird alles deutlich.
(Thomas Bernhard, 1971)

Untersuchen, analysieren:

die Darstellung der Arbeit und ihrer Bedeutung bei Volker Braun und Thomas Bernhard

3 Wunderbare Jahre

„Ansichten eines Clowns" – Darstellung der westdeutschen Nachkriegsgesellschaft aus der Perspektive eines Außenseiters, der an der Heuchelei zerbricht.
Die Familie des Erzählers gehörte vor und nach 1945 zur staatstragenden Schicht. Die Mutter opferte kurz vor Kriegsende seine Schwester Henriette in ideologischer Verblendung dem „Endsieg", doch darüber wird nicht mehr gesprochen. Die Familie huldigt der Doppelmoral eines frömmlerischen Katholizismus, an dem auch die Ehe des Erzählers zerbricht. Seine Frau verlässt ihn und geht die Ehe mit einem erfolgreichen katholischen Manager ein, der beste Beziehungen zur CDU-Regierung unterhält. Der Clown strandet schließlich, zum hoffnungslosen Außenseiter geworden, inmitten des rheinischen Karnevals auf den Stufen des Bonner Hauptbahnhofs, wo er Gitarre spielt, singt und bettelt.
Das Buch rief heftigste Proteste, die bis zum Boykott reichten, hervor und war Gegenstand erregter öffentlicher Diskussion.

Heinrich Böll
Ansichten eines Clowns (Auszug)

Die Stämme der Buchen in unserem Park waren schwarz, noch feucht, der Tennisplatz frisch gewalzt, rot, vom Rhein her hörte ich das Hupen der Schleppkähne, und als ich in den Flur trat, hörte ich Anna in der Küche leise vor sich hinschimpfen. Ich verstand immer
5 nur „... kein gutes Ende – gutes Ende – kein." Ich rief in die offene Küchentür hinein: „Für mich kein Frühstück, Anna", ging rasch weiter und blieb im Wohnzimmer stehen. So dunkel war mir die Eichentäfelung, die Holzgalerie mit Humpen und Jagdtrophäen noch nie vorgekommen.
10 Nebenan im Musikzimmer spielte Leo eine Mazurka von Chopin. Er hatte damals vor Musik zu studieren, stand morgens um halb sechs auf, um vor Schulbeginn noch zu üben. Was er spielte, versetzte mich in eine spätere Tageszeit, und ich vergaß auch, dass Leo spielte. Leo und Chopin passen nicht zueinander, aber er spielte so gut, dass
15 ich ihn vergaß. (...)
Im Park, zum Rhein hin, sah ich vor den Trauerweiden die Schießscheiben in Großvaters Schießstand sich bewegen. Offenbar war Fuhrmann beauftragt, sie zu ölen. Mein Großvater trommelt manchmal ein paar „alte Knaben" zusammen, dann stehen fünfzehn Rie-
20 senautos im kleinen Rondell vor dem Haus, fünfzehn Chauffeure stehen fröstelnd zwischen den Hecken und Bäumen oder spielen gruppenweise auf den Steinbänken Skat, und wenn einer von den „alten Knaben" eine Zwölf geschossen hat, hört man bald darauf einen Sektpfropfen knallen. Manchmal hatte Großvater mich rufen
25 lassen und ich hatte den alten Knaben ein paar Faxen vorgemacht, Adenauer imitiert, oder Erhard – was auf eine deprimierende Weise einfach ist, oder ich hatte ihnen kleine Nummern vorgeführt: Manager im Speisewagen. Und wie boshaft ich es auch zu machen versucht hatte, sie hatten sich totgelacht, „köstlich amüsiert", und
30 wenn ich anschließend mit einem leeren Patronenkarton oder einem Tablett rundging, hatten sie meistens Scheine geopfert. Mit diesen zynischen alten Knackern verstand ich mich ganz gut, ich hatte nichts mit ihnen zu tun, mit chinesischen Mandarinen hätte ich mich genauso gut verstanden. Einige hatten sich sogar zu Kommentaren
35 meinen Darbietungen gegenüber verstiegen: „Kolossal" – „Großartig". Manche hatten sogar mehr als ein Wort gesagt: „Der Junge hat's in sich" oder „In dem steckt noch was."
Während ich Chopin hörte, dachte ich zum ersten Mal daran, Engagements zu suchen um ein bisschen Geld zu verdienen. Ich könnte
40 Großvater bitten, mich als Alleinunterhalter bei Kapitalistenversammlungen zu empfehlen, oder zur Aufheiterung nach Aufsichtsratssitzungen. Ich hatte sogar schon eine Nummer „Aufsichtsrat" einstudiert.
Als Leo ins Zimmer kam, war Chopin sofort weg; Leo ist sehr groß,
45 blond, mit seiner randlosen Brille sieht er aus, wie ein Superintendent aussehen müsste oder ein schwedischer Jesuit. (...)
Er kam rasch auf mich zu, blieb plötzlich ein paar Schritte vor mir stehen, seine verlegenen Hände etwas seitwärts gespreizt, und sagte: „Hans, was ist denn?" Er blickte mir in die Augen, etwas darunter,

wie jemand, der einen auf einen Flecken aufmerksam machen will, und ich merkte, dass ich geweint hatte. Wenn ich Chopin oder Schubert höre, weine ich immer. Ich nahm mit dem rechten Zeigefinger die beiden Tränen weg und sagte: „Ich wusste nicht, dass du gut Chopin spielen kannst. Spiel die Mazurka doch noch einmal."

„Ich kann nicht", sagte er, „ich muss zur Schule, wir kriegen in der ersten Stunde die Deutschthemen fürs Abitur."

„Ich bring dich mit Mutters Auto hin", sagte ich.

„Ich mag nicht mit diesem dummen Auto fahren", sagte er, „du weißt, dass ich es hasse." Mutter hatte damals von einer Freundin „wahnsinnig preiswert" einen Sportwagen übernommen, und Leo war sehr empfindlich, wenn ihm irgendetwas als Angeberei ausgelegt werden konnte. Es gab nur eine Möglichkeit, ihn in wilden Zorn zu versetzen: Wenn jemand ihn hänselte oder hätschelte unserer reichen Eltern wegen, dann wurde er rot und schlug mit den Fäusten um sich. (...)

Während ich die Koblenzer Straße runterfuhr, viel zu schnell, schaute ich nach einem Ministerauto aus, das ich hätte schrammen können. Mutters Auto hat vorstehende Radnaben, mit denen ich ein Auto hätte ankratzen können, aber so früh war noch kein Minister unterwegs. Ich sagte zu Leo: „Wie ist es nun, gehst du wirklich zum Militär?" Er wurde rot und nickte. „Wir haben darüber gesprochen", sagte er, „im Arbeitskreis, und sind zu dem Ergebnis gekommen, dass es der Demokratie dient." – „Na gut", sagte ich, „geh nur hin und mach diese Idiotie mit, ich bedaure manchmal, dass ich nicht wehrpflichtig bin." Leo drehte sich mir fragend zu, wandte aber den Kopf weg, als ich ihn ansehen wollte. „Warum?", fragte er. „Oh", sagte ich, „ich würde so gern den Major einmal wieder sehen, der bei uns einquartiert war und Frau Wieneken erschießen lassen wollte. Er ist jetzt sicher Oberst oder General." Ich hielt vor dem Beethovengymnasium um ihn rauszulassen, er schüttelte den Kopf, sagte: „Park doch hinten rechts vom Konvikt", ich fuhr weiter, hielt, gab Leo die Hand, aber er lächelte gequält, hielt mir weiter die offene Hand hin. Ich war in Gedanken schon weg, verstand nicht, und es machte mich nervös, wie Leo dauernd ängstlich auf seine Armbanduhr blickte. Es war erst fünf vor acht und er hatte noch reichlich Zeit. „Du willst doch nicht wirklich zum Militär gehn", sagte ich. „Warum nicht", sagte er böse, „gib mir den Autoschlüssel." Ich gab ihm den Autoschlüssel, nickte ihm zu und ging. Ich dachte die ganze Zeit an Henriette und fand es Wahnsinn, dass Leo Soldat werden wollte. Ich ging durch den Hofgarten, unter der Universität her zum Markt. Mir war kalt, und ich wollte zu Marie. *(1963)*

Szene aus der Verfilmung des Romans mit Helmut Griem

Diskutieren, erörtern:
die Wirkung des Romans in den 60iger-Jahren – die Wirkung auf heutige Leser

Lesetipp:
Heinrich Böll: Rede zur Woche der Brüderlichkeit

In „Die wunderbaren Jahre" entwirft Kunze das Bild einer Jugend, die zu Anpassung und Gehorsam erzogen wird, und reflektiert die Lage in der ČSSR 1968 und sieben Jahre nach der Okkupation. Sein Buch ist ein Mosaik aus selbstständigen Einzeltexten unterschiedlichster Art (wie Prosagedicht, Kurzszene, Rapport, Flugblatt, Erzählung, Dialog). So unterstreicht auch die Struktur der Texte den quasi-dokumentarischen Charakter des Werks und vermittelt den Eindruck unbedingter Authentizität.
(Walther Killy, Literaturlexikon)

Ich stelle mich dem Politischen dort, wo es mich als Autor stellt, wo es ins Existentielle hineinreicht. Aber ich bin kein politischer Autor, der schreibt, um Politik zu machen.
(Reiner Kunze)

Untersuchen, diskutieren:
die Parteinahme Bölls und Kunzes für Jugendliche und gegen die etablierte Ordnung im Vergleich

Lesetipp:
Uwe Johnson: Ingrid Babendererde

Reiner Kunze
Die wunderbaren Jahre (Auszug)

Mitschüler

Sie fand, die Massen, also ihre Freunde, müßten unbedingt die farbige Ansichtskarte sehen, die sie aus Japan bekommen hatte: Tokioter Geschäftsstraße am Abend. Sie nahm die Karte mit in die Schule, und die Massen ließen beim Anblick des Exoten kleine Kaugum-
5 miblasen zwischen den Zähnen zerplatzen.
In der Pause erteilte ihr der Klassenlehrer einen Verweis. Einer ihrer Mitschüler hatte ihm hinterbracht, sie betreibe innerhalb des Schulgeländes Propaganda für das kapitalistische System.

Ordnung

Die Mädchen und Jungen, die sich auf die Eckbank der leeren Bahnhofshalle setzten, kamen aus einem Jazz-Konzert. Ihr Gespräch verstummte rasch. Einer nach dem anderen legten sie den Kopf auf die Schulter ihres Nebenmanns. Der erste Zug fuhr 4.46 Uhr.
5 Zwei Transportpolizisten, einen Schäferhund an der Leine, erschienen in der Tür, wandten sich der Bank zu und zupften die Schlafenden am Ärmel. „Entweder Sie setzen sich gerade hin, oder Sie verlassen den Bahnhof, Ordnung muß sein!"
„Wieso Ordnung?" fragte einer der Jungen, nachdem er sich aufge-
10 richtet hatte. „Sie sehen doch, daß jeder seinen Kopf gleich wieder gefunden hat."
„Wenn Sie frech werden, verschwinden Sie sofort, verstanden?"
Die Polizisten gingen weiter.
Die jungen Leute lehnten sich nach der anderen Seite. Zehn Minuten
15 später kehrte die Streife zurück und verwies sie des Bahnhofs.
Draußen ging ein feiner Regen nieder. Der Zeiger der großen Uhr wippte auf die Eins wie ein Gummiknüppel. (…)
(1976)

Szenen aus „Die wunderbaren Jahre", BRD 1979 (mit Gabi Marr)

Elfriede Jelinek
Die Ausgesperrten

In einer Nacht, Ende der Fünfzigerjahre, findet im Wiener Stadtpark ein Raubüberfall statt. Folgende Personen klammern sich dabei an einen Spaziergänger: Es sind Rainer Maria Witkowski und dessen Zwillingsschwester Anna Witkowski, Sophie Pachhofen, vormals von Pachhofen, und Hans Sepp. Rainer Maria Witkowski heißt nach Rainer Maria Rilke so. Alle sind um die 18, Hans Sepp ein paar Jahre älter, doch auch er ist ohne jede Reife. Von den beiden Mädchen zeigt Anna die größere Wut, das äußert sich darin, dass sie sich vor allem der Vorderseite des Überfallenen zuwendet.

Es gehört besonders viel Mut dazu, einem Menschen, der einen von vorn ansieht (er kann aber nicht viel sehen, weil es finster ist), das Gesicht zu zerkratzen bzw. es auf seine Augäpfel abzusehn. Denn die Augen sind der Spiegel der Seele, der möglichst unbeschädigt bleiben sollte. Sonst glaubt man, die Seele ist hin.

Dieser Mensch sollte gerade von Anna in Ruh gelassen werden, weil sein Charakter besser ist als ihrer. Weil er ein Opfer ist. Anna ist eine Täterin. Das Opfer ist immer besser, weil es unschuldig ist. Zu dieser Zeit gibt es allerdings immer noch zahlreiche unschuldige Täter. Sie blicken voller Kriegsgedanken von blumengeschmückten Fensterbänken aus freundlich ins Publikum, winken oder bekleiden hohe Ämter. Dazwischen Geranien. Alles sollte endlich vergeben und vergessen sein, damit man ganz neu anfangen kann.

Später, wo man immer klüger ist, weiß man, das Opfer war ein Prokurist in einer mittleren Firma. Das Opfer war in einem bis ins Detail geordneten Haushalt vollständig aufgehoben gewesen, etwas, das Anna ganz besonders verachtet. Sauberkeit geht ihr gegen das Naturell, das innen und außen sehr unsauber ist.

Die jungen Leute nehmen die Brieftasche dieses Menschen an sich. Er wird trotzdem noch furchtbar verprügelt.

Anna hackt drauflos und denkt, wie gut, dass ich endlich meinen starken Hass irgendwo herauslassen kann, ohne dass ich ihn gegen mich selbst richten muss, wo er am falschen Ort wäre. Gut ist es auch, dass ich mich bereichere. Hoffentlich ist viel drin (es war eher mittel). Hans haut mit seinen manuelle Arbeit gewohnten Fäusten ebenfalls vor sich hin. Als Mann beschränkt er sich auf männliche Spielarten der Gewalt: Fausthiebe und tückische Kopfstöße (der Rammbock); den landauf landab berüchtigten Schienbeintritt überlässt er Sophie, die ihn immer wieder anwendet. Wie zwei abwechselnd vorstoßende Kolben einer komplizierten Maschine. Es hat ausgeschaut, als ob du dir nur die Finger nicht schmutzig machen willst, sondern es den Füßen überlässt, sagt Rainer zu ihr und nimmt sie zärtlich in die Arme. Fliegt jedoch, in die Kniescheibe gekickt, mit einem erstickten Giftlaut wieder von ihr weg. Sie will das nicht.

Rainer, der sich als Sophies alleiniger Freund betrachtet (deswegen hat er sie ja in die Arme genommen), zerrt in den Kleidern des Opfers nach dessen Brieftasche, findet sie nicht gleich (kriegt sie aber doch). Dann stößt er dem sich kaum mehr wehrenden Mann das Knie in den Bauch, worauf ein gurgelnder Laut ertönt und etwas Schleim aus dem Mund kommt. Blut hat man nicht gesehen, weil es zu dunkel war.

Das ist Brutalität gegen einen Wehrlosen und daher unnötig, spricht Sophie und reißt den ungeordnet am Boden Liegenden an den Haaren, dass es nur so rupft.

Gerade das Unnötigste ist das Beste, sagt Rainer, der noch kämpfen will. Das haben wir so ausgemacht. Gerade das Unnötige ist das Prinzip. Ich finde das Nötige aber noch besser, sagt Hans, der seltsamerweise Geld liebt, und beäugt das Portmonee. Geld ist unwichtig, bespuckt Rainer die Brieftasche, was meinst, sind das Hunderter oder Tausender da drinnen?

Geld ist nicht unser Prinzip, flimmert Sophie, deren Eltern sehr viel davon haben, und die wohlstandsverwahrlost ist.

Hans drischt schweißstäubend wie eine geistlose Maschine, die auch noch anderen den Geist damit tötet, weiter auf das Opfer ein. Genauso sehen ihn die Geschwister: als eine Maschine. Anna findet schon die ganze Zeit, dass diese Maschine schön ist und Sophie wird es auch bald finden. Das kann ein Keim für Zwietracht sein. Die Fäuste von

---

Jelineks satirisches Mittel (...) ist die Sprache. Exakt und analytisch montiert sie Sprachmaterial (...), spielt mit Sprachstereotypien, die sie seziert, verfremdet, übertreibt. Ihre geschliffenen Analysen psychologisieren nicht, sondern typisieren und entlarven damit gesellschaftliche Verhaltensmuster.
Auch Jelineks Theaterstücke und Hörspiele erzielen durch bewusste Provokationen der üblichen Hör-, Seh- und Sprechgewohnheiten emanzipatorische Wirkung. (...)
(Walther Killy, Literaturlexikon)

Hans gehen wie Hämmer nieder und kommen nur hoch um neuen Schwung zu holen.
Au stöhnt das Opfer leise, es hat aber kaum mehr Kraft dafür. Und: Polizei! Es hört aber keiner zu. Anna fühlt sich dazu veranlasst, ihn in die Eier zu treten, weil sie gegen die Polizei im Prinzip ist, was Anarchisten immer sind. Der Mann schweigt erschreckt, biegt sich zusammen und schaukelt ein wenig, bis er endgültig still liegt. Das Geld haben sie eh schon.
Anna pflückt den wild um sich dreschenden Hans von dem Prokuristen ab und zerrt ihn zur Flucht. Es sind nämlich schon Spaziergänger zu vernehmen. Was machen die um diese späte Zeit hier? Denen wird eines Tages genau das Gleiche passieren.
Aus den Mündern der Gymnasiasten und des Arbeiters pfeift es, als sie in die Johannesgasse eintraben und vor dem Konservatorium der Stadt Wien, aus dem es von Blas- und Streichinstrumenten nur so herausrauscht (und wo Anna Klavier lernt), ihrerseits dahinrauschen. Gerade herrschen dort Orchesterproben, die immer spät stattfinden, damit auch Berufstätige mitmachen können. Jetzt am besten in die Kärntnerstraße mit ihrem tosenden Verkehr, keucht Sophie, damit wir uns in der Menge der nächtlichen Menschen (die man dort vorfindet) verbergen können. Wir können uns in keiner einzigen Menge verbergen, weil wir aus der Masse herausragen, wo wir auch sind (Anna). Wir sollen uns nicht verbergen, sondern es offen machen, weil wir uns damit zu unseren Prinzipien der wahllos angewendeten Gewalt gegen jedermann bekennen (Rainer). Du Trottel (Hans).

Anna sagt nichts mehr, sondern leckt nachdenklich Salz vom Opferschweiß und Blut aus den Opferkratzern von ihrer rechten Hand, der Schlaghand, was Rainer mit einem lobenden Blick bedenkt, was Sophie leicht anekelt und was Hans dazu treibt ihr auf die Finger zu hauen. Du Ferkel.
Anna hat so viel Wut in sich, was wahrscheinlich vom Generationskonflikt herrührt, dass sie am liebsten auch noch in die erleuchteten Schaufensterscheiben auf Wiens Pracht-Einkaufsboulevard geschlagen hätte. Was hinter diesen Scheiben ist, hätte sie wahnsinnig gern gehabt, das Taschengeld reicht aber nicht. Deswegen muss man sich auf diese Weise etwas dazuverdienen. Sie windet sich immer vor Neid, wenn sie sieht, eine Schulkollegin hat ein neues Kostüm mit einer weißen Bluse an oder neue Stöckelschuhe. Was sie aber dazu sagt, ist: Ich muss gleich brechen, wenn ich so aufgetakelte Mädis sehe. Die mit ihren blöden Fetzen, sie sind oberflächlich und haben nichts im Gehirn. Sie dagegen trägt nur dreckige Jeans und viel zu große Männerpullover, damit ihre innerliche Haltung einen äußeren Ausdruck hat. Der Psychiater, den sie wegen periodisch auftretender Sprachlosigkeit (die kommt und dann wieder spurlos verschwindet) aufsuchen muss, fragt immer: Sag mal, Kind, warum ziehst du dich nicht schön an und machst dir Locken, weil du im Prinzip ein hübsches Mädel bist und in die Tanzschule gehen solltest. Schau, wie du daherkommst, wobei einem jungen Burschen vor dir graust.
Der Anna graust ihrerseits vor allem. *(1980)*

○ **Am Text erarbeiten, diskutieren:**
Jelineks „bewusst provokative" Erzählweise

Gabriele Wohmann
Vor dem Schlafengehen (Auszug)

Sehen wir das hier an oder machen wir Konversation, sagte Connys Vater.
Als die Vertreterin aus der Runde der erfahrungsgeprüften Eltern nun wieder das ostereiförmige grüne Mikrophon vor die Lippen gekippt bekam – mit ihr ging der Moderator sparsam um, sie war ein wenig verschwätzt, was sich wahrscheinlich erst bei der Sendung herausgestellt hatte –, da empfahl sie wieder diese gewisse Härte, bei aller Mutterliebe.

Auch ich wollte zu lange Zeit alles glauben, was der Micky mir aufgebunden hat, ich begriff erst sehr viel später, daß der Micky mich reinlegte ...
In seiner Hilflosigkeit REINLEGTE, nicht wahr? Fragte der Moderator und trennte sich schnell wieder vom Mikrophon, schnickte es der Mutter vom Micky hin, nach geschickt lanciertem Zuruf: Und Ihr Ratschlag? Mitten aus der Praxis heraus?
Mein Ratschlag, sagte die Mutter und sah

kühn auf den Moderator, der aber wünsche, daß sie endlich frontal wurde.

Da ist unsere Kamera, sagen Sie es bitte unseren Zuschauern, drohte er.

Die Gründung unserer Evau Evau ... Die Mutter mußte lachen, nicht unterstützt vom Moderator, so daß sie, von seinem Ausdruck erschreckt, sich abfing, das Kichern abbrach und ernst aufsagte: Ich meine, wir gründeten die Elternvereinigung e.V., die Evau Evau eben, nicht wahr, und die ist sehr sehr hilfreich und ich möchte allen allen Eltern raten, sich zusammenzutun, und wir haben herausgefunden, daß wir alle miteinander unser Viertelstündchen pro Tag für die Kinder reservieren müssen, komme was wolle, und zwar am besten vor dem Schlafengehen, da hat jeder Zeit für ein Wort, und wer sich diese Zeit nicht nimmt, der –

Der hilft seinem Kind nicht bei der Suche, die Sucht ja nicht zuletzt ist, sagte der Moderator und schaute wie ein unfreundlicher, keines Vertrauens würdiger Spielverderber auf Conny, der sehr gern ALTER IDIOT gesagt hätte, aber seiner Zunge nicht recht traute.

Wenn das nicht der oberste Blödsinn ist, sagte Connys Vater. Mir reicht's. Er gähnte.

Ich finde es nicht unwichtig, sagte Connys Mutter.

Du mußt dieses ganze Zeug doch auswendig wissen, sagte Connys Vater.

Mir war es trotzdem wichtig, schon einfach nur der Gesichter wegen, sagte Connys Mutter.

Die Viertelstunde vorm Schlafengehen, die haben wir jetzt hier am Bildschirm vertrödelt, großes Künstlerpech, sagte Connys Vater.

Wieso war er so gesprächig? Conny bedauerte seine Mutter beim Abnabeln von der Sendung. Sie tat immer schließlich doch so, als sei sie diejenige gewesen, die es nicht länger ausgehalten hatte.

Viel zu spät in die Nacht gelegt, so ein brisantes Thema wie dieses, sagte sie, und die Bildecken rasten ineinander und verlöschten. Nun ja, wen's betrifft, der kann sowieso nicht gut schlafen, sagte Connys Vater.

Es war sonst nicht üblich, daß sie sich alle drei gleichzeitig für die Nacht rüsteten. Conny verzog sich sonst meist schon nach dem Abendessen und tat seinen Eltern zuliebe so, als verbringe er die folgenden Stunden nicht alleine in seinem Keller, sondern irgendwo draußen. Sie hatten es wirklich aufgegeben, über ihn als einen Einzelgänger zu beratschlagen. Conny fiel genug Erzählstoff ein von der Clique Erdheim und den SEVEN SINS und wo sonst er noch erwünscht war. In der von den Evau Evau-Leuten empfohlenen Viertelstunde vor dem Schlafengehen quetschten nun die Eltern sich im Bad aneinander vorbei. Connys Mutter mußte sich abschminken, Connys Vater behandelte seinen Mundraum mit Salvisan, einem der langweiligsten Medikamente aus der Hausapotheke, wirklich kurz vor Jod, Conny konnte es nicht einmal bei Engpässen nutzen. Nur an Vormittagen mit großer Übelkeit, wenn er zu schlecht dran war für den Kiosk, half Salvisan: dann vermittelte es, über Gaumen, Zunge und Zahnfleisch getupft, einen reinigenden gesetzestreuen, wieder gutmachenden Geschmack.

Gibst du mir mal, sagte Conny zu seinem Vater.

Was willst du damit, fragte der, wie Conny fand eigentlich übertrieben erstaunt. Er sah alarmiert aus und gleichzeitig abwehrbereit. Conny winkte ab und sein Vater stellte die kleine braune Salvisan-Flasche unnötig erleichtert ins Spiegelschränkchen zurück. Er brauchte seinen Schlaf, das sah man. Doch Mami, wie stand's mit der? Sie hätte doch so gern die Diskussion bis zum Open End mitgemacht. Sie bestrich jetzt ihr eifriges Gesicht mit glasig weißlicher Creme. Gut, daß sie ins Schlafzimmer ausgewichen war. Sie sah leberkrank aus, weil sie die Augenhöhlen nicht zuschmierte.

Conny sagte: Ich hätte da auch auftreten können, bei denen, Mami.

Was du brauchst, das sind Interessen, sagte sie. Ein Hobby.

Ich hab ja die Gitarre, sagte Conny.

Ach so, na klar, stimmt ja, dumm von mir, dumm von uns beiden! Oder? Sie lachte. Das kommt vom Keller. Ich kann dich hier oben nicht mehr hören.

Ich hätte trotzdem da auftreten können, sagte Conny.

Was ist mit euch beiden hier passiert, fragte sein Vater, der nach seinem Schlafanzug griff.

Ich hab heut einen Haufen Jägermeister getrunken und jetzt –

Soll das unser Viertelstündchen sein, zwitscherte seine Mutter dazwischen. Du, laß uns das vertagen, willst du? Sei ein Schatz, mein Schätzchen. *(1982)*

Wohmanns Text erschien 1982 in dem Sammelband „Klassenlektüre". Die Herausgeber hatten deutsche Schriftsteller aufgefordert, die aus ihrer Sicht bedeutsamsten Passagen aus ihren Werken auszuwählen, mit denen sich Schülerinnen und Schüler beschäftigen sollten.

Diskutieren: Wohmanns Gründe für die Auswahl gerade dieses Textes

4 Im Rückblick

Zoë Jenny
Das Blütenstaubzimmer (Auszug)

Zoë Jenny 1998

Eine junge Frau begibt sich auf die Reise. Sie verlässt den Vater um die Mutter zu finden. Doch ihr Weg führt zum unausweichlichen Abschied von den Eltern.

Die Sonntage verbrachte ich bei meiner Mutter. Abends stand sie mit aufgestecktem Haar vor dem großen Spiegel und fuhrwerkte mit Stiften und Schwämmchen in ihrem
5 Gesicht herum. Ich reichte ihr die Döschen und Fläschchen, die auf dem Fensterbrett standen, und schraubte die wertvoll aussehenden Blumen und tropfenförmigen Verschlüsse von den Parfümflaschen. Sobald der
10 Babysitter kam, löste sie ihr Haar, das sich braun und duftend über ihrem Rücken auffächerte, und verschwand in die Nacht hinaus. Später weckte mich ihr Wimmern aus dem Schlaf, und ich tastete mich im Dun-
15 keln zu ihrem Bett. Sie lag unter der farbigen Blumendecke, geschüttelt von mir unbegreiflichen geheimnisvollen Schmerzen. Von ihrem Gesicht sah ich nur ein Dreieck aus Nasenspitze und Mund, der Rest lag unter
20 ihren weißen Händen begraben. Nach einer Weile schlug sie die Decke zurück, und ich kroch hinein in das salzigwarme Bett.
Einmal in der Woche holte sie mich mittags von der Schule ab. Von weitem sah ich sie
25 neben dem Eisentor stehen, und ich rannte über den Schulhof auf sie zu. Sie nahm mich an der Hand, und wir gingen zusammen in die Stadt. In den Umkleidekabinen, die nach Schweiß und Plastik rochen, packte sie eini-
30 ge Kleider in die große Schultertasche, die anderen legte sie wieder in die Regale zurück. Sobald sie an der Kasse ein paar Socken oder ein T-Shirt bezahlt hatte, streichelte sie meinen Kopf, wie man frisch
35 geborene Kätzchen streichelt, und die Verkäuferinnen, die uns durchs Fenster nachschauten, klatschten entzückt in die Hände. Das waren Tage, an denen es haufenweise Schokoladenkuchen gab und das Gesicht
40 meiner Mutter weich und fröhlich war. Im Restaurant, während ich aus meinem Trinkhalm meinen Sirup schlürfte, griff meine Mutter immer wieder in die Tasche, nach dem Stoff, ihr Mund stand leicht offen, und
45 die Augen waren riesengroß, als sei es kaum zu ertragen, und ich wusste, sie war glücklich. Zu Hause entfernte sie mit der Schere die Preisetiketten von den Kleidern, hängte sie sorgfältig an den Kleiderständer und roll-
50 te ihn langsam und mit dem erhobenen Kopf einer Königin, die vor ihr Reich tritt, ins Zimmer.
Immer wieder wartete ich nach Schulschluss stundenlang vor dem Eisentor auf sie. Aber
55 sie kam nicht mehr. Ich fragte Vater, ob mit ihr etwas geschehen sei, aber er schüttelte den Kopf und schwieg.
Doch nach einigen Wochen stand sie wieder da, küsste mich aufs Haar und hieß mich
60 ins Auto steigen. Diesmal fuhren wir nicht in die Stadt, und ich freute mich. Sie parkte an einem Waldweg. Ich übersprang die Lücken zwischen den Zacken, die die Räder eines Traktors in die von der Hitze brüchige
65 Erde gestoßen hatten. Das helle Kleid meiner Mutter bauschte sich wolkig um ihren Körper und ich ahnte, dass sie gleich etwas Wichtiges sagen würde. Aber sie schwieg, den ganzen Weg, bis die Spuren des Trak-
70 tors immer undeutlicher wurden und wir auf einer Wiese standen. Meine Mutter legte sich hin, ich legte mich neben sie auf die trockene Erde und spürte neben mir ihren glatten, pochenden Hals. Sie sagte, dass sie
75 einen Mann, Alois, getroffen habe, den sie liebe, so wie sie einmal meinen Vater geliebt habe, und dass sie mit ihm fortgehen werde, für immer. Überall, wo ich hinsah, waren diese gelben und roten Blütenköpfe, die ei-
80 nen Duft ausströmten, der mich schwindlig und müde machte. Ich drehte mich zur Seite; das Ohr auf den Boden gepresst, hörte ich ein Summen und Knistern, als bewege sich da etwas tief unter der Erde, während
85 ich ihren weit entfernten Mund weiterreden sah und ihre Augen, die in den Himmel schauten, der wie eine greifbare blaue Scheibe über uns schwebte.
(...)
90 Es ist immer noch hell draußen, und ich hoffe, dass Lucy noch vor Einbruch der Dunkelheit zurückkommt. Ich lege das Foto wieder unter den Schreibblock. Das Foto wurde im Sommer vor drei Jahren gemacht.
95 Damals wusste ich noch nicht, dass ich hierher kommen würde. Ich wusste es erst, als ich das Abiturzeugnis in den Händen hielt und mir überlegen konnte, ob ich gleich zu

studieren beginnen oder erst eine Reise machen sollte. Das Erstere wollte ich auf keinen Fall, und da schien es mir das Nächstliegende meine Mutter zu besuchen, die ich seit zwölf Jahren nicht mehr gesehen hatte. Ich bewohnte ein billiges Zimmer in der Stadt und rief sie von einer Telefonkabine aus an. Ich hatte mir dieses Gespräch in Gedanken immer wieder vorgestellt, doch als ich in der Kabine stand und den Hörer abhob, musste ich eine Zeit lang warten, bis er nicht mehr in der Hand zitterte. Sobald ich ihre Stimme hörte, stürzten die vorbereiteten Sätze wie auf Kommando aus mir heraus, bildeten ein Knäuel von unverständlichen Worten. Das Wort Mutter und die Stimme am anderen Ende der Leitung waren zwei Dinge, die sich sperrig vor mir auftürmten. Ich duckte mich vor dem Schweigen in der Leitung wie vor Schlägen, den toten Hörer in der Hand, schien mir für einen sekundenlangen Augenblick alles lahm gelegt, der Straßenverkehr draußen und Leute, die an der Kabine vorbeigingen wie in Zeitlupe.

„Wer ist denn da?" fragte meine Mutter ungeduldig.
Ich hörte meine Stimme meinen Namen sagen und dass ich sie besuchen wolle. Ich kam mir unverschämt vor, als hätte ich gerade einen Wildfremden um einen Gefallen gebeten, und fürchtete, gleich den Summton in der Leitung zu vernehmen, als ein Lachen, ein lang anhaltendes, nicht mehr enden wollendes Lachen aus dem Hörer kam.
„Ruft mich meine Tochter an um zu fragen, ob sie mich besuchen darf?"
Es klang so, als fände sie mich schwerfällig und kompliziert, und ich sagte, dass ich nach zwölf Jahren nicht einfach so hereinplatzen wolle, aber sie lachte schon wieder, wegen der zwölf Jahre, und fragte mich mehrmals ungläubig, ob es denn wirklich schon so lange her sei. Schließlich beteuerte sie, dass ihr Haus jederzeit für mich offen stünde.
Ich ging in mein Zimmer zurück um meine Sachen zu packen. *(1997)*

○ **Am Text überprüfen:**
„Das Blütenstaubzimmer wird schnell mehr als eine Kindheitsgeschichte – es ist eine der ersten und radikalsten Romane der Technogeneration, adressiert in aller Härte an die 68er-Eltern."
(Aus einer Literaturkritik)

Herta Müller
Heute wär' ich mir lieber nicht begegnet (Auszug)

Bevor ich zur Welt kam, hatten meine Eltern einen Jungen, der vom Lachen blau anlief. Er wurde kein richtiger Sohn, starb vor der Taufe. Guten Gewissens konnten meine Eltern sein Grab nach zwei Jahren aufgeben. Erst als ich acht Jahre alt war und in der Straßenbahn vor uns ein Junge mit abgeschürften Knien saß, sagte mir meine Mutter ins Ohr: Wenn dein Bruder gelebt hätte, wärst du nicht gekommen.
Der Junge lutschte eine Ente aus gebranntem Zucker, sie schwamm in seinen Mund hinein, heraus und die Häuser fuhren hinter den Scheiben schief hinauf. Ich saß auf einem grün gestrichenen, heißen Holzsitz neben Mama in der Straßenbahn anstelle meines Bruders.
Von mir gab es zwei Fotos aus dem Entbindungsheim, von meinem Bruder kein einziges. Auf dem einen Bild liege ich neben Mamas Ohr auf dem Kissen. Auf dem anderen auf einem Tisch. Beim zweiten Kind wollten meine Eltern ein Bild haben für sich und eines für den Grabstein. *(1997)*

Wie Wahrnehmung sich erfindet

Manchmal glaube ich, jeder trägt im Kopf einen Zeigefinger. Der zeigt auf das, was gewesen ist. Das meiste, was wir uns sagen, erzählen, woran wir denken, wenn wir mit uns allein sind, ist gewesen. (…) Das, was man später mal von früher her erinnert, sucht man sich nicht aus. Es gibt keine Wahl für eine Auswahl, die sich zwischen den Schläfen, hinter der Stirn selber trifft.

Ich merke an ihr, dass nicht das am stärksten im Gedächtnis bleibt, was außen war, was man Fakten nennt. Stärker, weil wieder erlebbar im Gedächtnis, ist das, was auch damals im Kopf stand, das, was von innen kam, angesichts des Äußeren, der Fakten. Denn das, was von innen kam, hat unter den Rippen gedrückt, hat die Kehle geschnürt, hat den Puls gehetzt. Es hat seine Spuren gelassen.
(Herta Müller, 1991)

Judith Hermann
Sonja (Auszug)

Sonja war biegsam. Ich meine nicht „biegsam wie eine Gerte", nicht körperlich. Sonja war biegsam – im Kopf. Es ist schwierig zu erklären. Vielleicht – dass sie mir jede Projektion erlaubte. Sie erlaubte mir jede mögliche Wunschvorstellung von ihrer Person, sie konnte eine Unbekannte sein, eine kleine Muse, jene Frau, der man einmal auf der Straße begegnet und an die man sich noch Jahre später mit dem Gefühl eines ungeheuren Versäumnisses erinnert. Sie konnte dumm sein und bieder, zynisch und klug. Sie konnte herrlich sein und schön, und es gab Augenblicke, da war sie ein Mädchen, blass im braunen Mantel und wirklich unwichtig; ich glaube, sie war so biegsam, weil sie eigentlich nichts war.

Ich begegnete Sonja auf einer Zugfahrt von Hamburg nach Berlin. Ich hatte Verena besucht und war auf dem Heimweg; ich hatte acht Tage mit ihr verbracht und ich war sehr in sie verliebt. Verena hatte einen Kirschmund und rabenschwarzes Haar, das ich ihr jeden Morgen zu zwei dicken Zöpfen flocht, wir gingen am Hafen spazieren, ich sprang um sie herum, rief ihren Namen, verscheuchte die Möwen, fand sie wunderbar. Sie fotografierte Docks, Frachtkähne und Imbissbuden, redete viel, lachte ständig über mich, und ich sang „Verena, Verena", küsste ihren Kirschmund und hatte große Lust, nach Hause zu fahren und zu arbeiten, den Geruch von ihrem Haar an den Händen.

Es war Mai, der Zug fuhr durch die Mark Brandenburg und die Wiesen waren sehr grün unter langen, frühabendlichen Schatten. Ich verließ das Abteil um eine Zigarette zu rauchen, und draußen, auf dem Gang stand Sonja. Sie rauchte und stemmte das rechte Bein gegen den Aschenbecher; als ich neben sie trat, zog sie die Schultern unwillkürlich nach vorn und irgendetwas stimmte nicht mit ihr. Die Situation war gewöhnlich – der schmale Gang eines ICE irgendwo zwischen Hamburg und Berlin, zwei Menschen, die zufällig nebeneinander stehen, weil sie beide eine Zigarette rauchen wollen. Sonja aber starrte aus dem Fenster mit einer unglaublichen Sturheit, sie hatte eine Körperhaltung wie bei einem Bombenalarm. Sie war überhaupt nicht schön. Sie war in diesem allerersten Moment alles andere als schön, wie sie dastand, in einer Jeans und einem weißen, zu kurzen Hemd, sie hatte schulterlanges, glattes, blondes Haar und ihr Gesicht war so ungewohnt und altmodisch, wie eines dieser Madonnenbilder aus dem 15. Jahrhundert, ein schmales, fast spitzes Gesicht. Ich schaute sie von der Seite an, ich fühlte mich unwohl und war ärgerlich, weil mir die Erinnerung an Verenas Sinnlichkeit entglitt. Ich zündete mir eine Zigarette an und lief rauchend den Gang hinunter, ich hatte das Bedürfnis, ihr einen zotigen Ausdruck ins Ohr zu flüstern. Als ich mich umdrehte um in mein Abteil zurückzugehen, schaute sie mich an.

Irgendetwas Ironisches ging mir durch den Kopf, etwas darüber, dass sie es nun doch gewagt hatte mich anzusehen, der Zug ratterte und in einem der hinteren Abteile schrie ein Kind. Ihre Augen waren nichts Besonderes, sie waren vielleicht grün, nicht sehr groß und sie standen ziemlich eng beieinander. Ich dachte überhaupt nichts mehr, ich schaute sie an, sie schaute zurück, ohne Erotik, ohne Flirt, ohne Schmelz, aber mit einem Ernst und einer Direktheit, dass ich sie hätte ins Gesicht schlagen können. Ich trat zwei Schritte auf sie zu, sie lächelte ansatzweise. Dann war ich in meinem Abteil und riss die Tür hinter mir zu, fast außer Atem.

Der Zug hielt am Zoologischen Garten, als es schon dunkel war. Ich stieg aus, fühlte mich seltsam erleichtert und bildete mir ein die Stadt riechen zu können. Es war warm, der Bahnsteig voller Menschen, ich nahm die Rolltreppe zur U-Bahn hinunter, und obwohl ich sie nicht gesucht hatte, entdeckte ich sie sofort. Sie war drei, vier Meter vor mir, trug eine kleine, rote Hutschachtel in der rechten Hand; ihr Rücken war eine einzige Aufforderung. Ich ignorierte sie mit zusammengebissenen Zähnen. Ich blieb am Pressecafé stehen um Tabak und die Abendzeitung zu kaufen, und dann war sie neben mir und sagte: „Soll ich warten."

Sie fragte nicht, sie sagte es einfach und schaute dabei auf den Boden, ihre Stimme war aber überhaupt nicht verlegen, sondern fest und ein wenig rau. *(1998)*

Judith Hermann 1999

○ **Lesetipps:**
Christoph Hein:
Von allem Anfang an
Katja Behrens:
Die dreizehnte Fee
Ingo Schulze:
Simple Storys
Stan Nadolny: Selim oder
Die Gabe der Rede

CHRISTA WOLF

Eine Schriftstellerin in ihrer Zeit

Christa Wolf wird 1929 in Landsberg an der Warthe (das heutige Gorzów Wielkopolski in Polen) geboren. Unter dem Eindruck des Nationalsozialismus entwickelt sie sich nach dem Krieg zu einer überzeugten Sozialistin und wird mit 20 Jahren Mitglied der SED. Sie studiert Germanistik in Jena und Leipzig und ist danach zunächst als wissenschaftliche Mitarbeiterin im Schriftstellerverband, als Lektorin und Redakteurin, tätig, bis sie 1962 ihre Laufbahn als freiberufliche Schriftstellerin beginnt. In ihrem umfangreichen literarischen und essayistischen Werk setzt sie sich mit politischen und sozialen Problemen auseinander und entwickelt dabei eine betont subjektiv-authentische Schreibweise.

Bald gilt sie nicht nur als wichtigste Repräsentantin der DDR-Literatur, sondern auch als eine bedeutende Vertreterin gesamtdeutscher Gegenwartsliteratur. Sie erhält zahlreiche in- und ausländische Preise und wird bis zur „Wende" 1989 sogar als Nobelpreis-Kandidatin genannt. Für viele Leser war und ist sie aufgrund ihres in den Texten zum Ausdruck kommenden persönlichen Engagements zu einer Art moralisch-politischer Leitfigur geworden. Trotz ihrer zunehmend kritischen Haltung zum DDR-Staat verteidigt Christa Wolf bis heute die Idee einer sozialistischen Gesellschaft. Nach der Wiedervereinigung beginnt eine heftige Debatte um Christa Wolf und ihr Werk.

Eine Schriftstellerin in ihrer Zeit

Stimmen zu Christa Wolf

(80er-Ja

Der geteilte Himmel (1963)
Liebesgeschichte zur Zeit des Mauerbaus in Berlin

Nachdenken über Christa T. (1968)
Frauenleben im Osten Deutschlands

Kindheitsmuster (1976)
Auf den Spuren der Kindheit im Nationalsozialismus

Kein Ort. Nirgends (1979)
Fiktive Begegnung zwischen Karoline von Günderode und Heinrich von Kleist

Kassandra. Voraussetzungen einer Erzählung Frankfurter Poetik-Vorlesungen (1983)
Bericht über eine Griechenlandreise. Nachdenken über Kassandra, über weibliches Schreiben

Kassandra (1983)
Deutung der antiken mythologischen Frauengestalt in ihrer Suche nach den Ursachen von Gewalt und deren Überwindung

Eine Schriftstellerin, die philosophisch-weltanschaulich ganz auf dem Boden des Sozialismus steht.
(H. Sambale. In: Sächsische Zeitung, 1963)

Christa Wolf ist eine noch „zwiespältige Autorin", die „versucht, unvereinbare Ideologien miteinander zu verbinden".
(D. Allert/H. Wetzelt. In: „Freiheit", Halle 1963)

(1990)

Die große Lebenslüge der Christa Wolf besteht darin, dass sie sich einem politischen System zur Verfügung stellte, dessen Amoralität ihr bewusst ist.
(Hans Noll, 1984 übergesiedelt in die BRD, 1987)

(1990)

Es wäre endlich an der Zeit, wollte sich die Stockholmer Akademie dieser Schriftstellerin entsinnen. Sie ist des Nobelpreises würdig.
(Fritz J. Raddatz, 1989)

(1979) (1965)

Eine Schriftstellerin in ihrer Zeit

Christa Wolf bei ihrer Rede auf dem Berliner Alexanderplatz 4.11.1989

(1989)

Über Jahrzehnte hinweg las man sie aufmerksam in beiden deutschen Staaten. Sie ist eine von den vielen Autoren, die dazu beigetragen haben, daß bei allem, was geteilt wurde – wirtschaftlich, politisch, ideologisch –, die Teilung im Bereich Kultur nicht so absolut vollzogen werden konnte. Es entstand ein Dialog zwischen den Literaturen.
(G. Grass, 1990)

(1963)

(1998)

Eine aufgeklärte Gesellschaft kennt keine Priester-Schriftstellern. Christa Wolf hat auch von der quasireligiösen Mentalität west- und ostdeutscher Besucher von Dichterlesungen gelebt. Das ist hoffentlich vorbei. Auch sie wird sich daran gewöhnen müssen, was Literatur in einer säkularistischen Gesellschaft darstellt: keine Droge für Unterdrückte, kein quietistisches Labsal. Vielmehr verschärfter Anspruch an die imaginative Potenz. *(Karl Heinz Bohrer, 1990)*

Christ Wolf ist „weniger eine Opportunistin, kaum eine engagierte Schriftstellerin, mehr eine ins Innerliche emigrierte Autorin." *(Hellmuth Karasek, 1990)*

Die Dimension des Autors (1986)
Essays und Aufsätze. Reden und Gespräche 1959–1985, 2 Bände

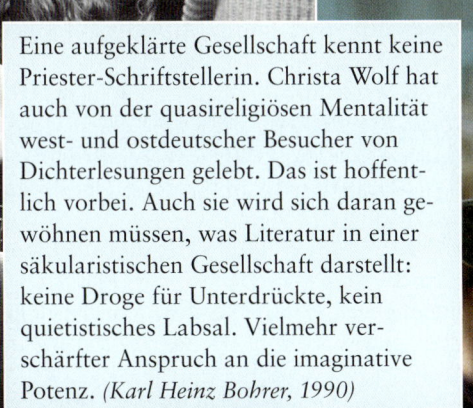

Störfall (1987)
Tschernobyl, April 1986. Eine Reaktion auf die unfassbare Nachricht

Was bleibt (1990)
Erzählung um die psychischen Folgen von Bespitzelung

Auf dem Weg nach Tabou (1994)
Reden, offene Briefe, Aufsätze und Gespräche während der Wende

Medea, Stimmen (1996)
Die Geschichte der Kindsmörderin, eine der faszinierendsten und zugleich widersprüchlichsten Gestalten der antiken Mythologie, neu erzählt.

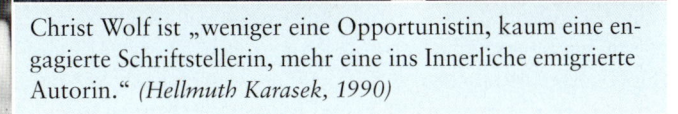

1 Die Auseinandersetzung mit der DDR-Wirklichkeit

Der geteilte Himmel (1963, Auszug)

Ihren ersten großen Erfolg als Schriftstellerin erzielt Christa Wolf mit dem Roman „Der geteilte Himmel". Darin setzt sie sich ganz im Sinne der damaligen Kulturpolitik (Bitterfelder Weg) mit den Problemen der sozialistischen Arbeitswelt auseinander. Zugleich thematisiert sie die deutsche Teilung und die daraus resultierenden Konflikte für die betroffenen Menschen.

Das Buch löst eine Kontroverse aus. Insbesondere in Parteikreisen wird bemängelt, dass die Autorin nicht eindeutig genug die Vorzüge des Sozialismus gegenüber dem kapitalistischen System herausstelle, also ideologische Klarheit und revolutionäre Perspektive vermissen lasse.

Die angehende Lehrerin Rita Seidel, als Praktikantin Mitglied einer Arbeitsbrigade eines Waggonwerks, liegt nach einem Zusammenbruch im Krankenhaus.
Aus ihrer Perspektive schildert der Roman retrospektiv das Scheitern ihrer Liebe zu dem Chemiker Manfred Hertfurth. Er ist mit seiner Erfindung einer verbesserten Spinnmaschine an den zuständigen Wirtschaftsfunktionären gescheitert und sieht die Chancen für sein Fortkommen allein im Westen.
Manfred begeht „Republikflucht" zu seiner Tante nach West-Berlin. Nach einigen Wochen folgt ihm Rita (kurz vor dem Berliner Mauerbau 1961), kehrt jedoch enttäuscht in die DDR zurück, gestärkt in dem Bewusstsein, nur hier zur Selbstverwirklichung zu gelangen.

Es war der erste Augustsonntag. In aller Herrgottsfrühe saß Rita im Schnellzug nach Berlin. Seit gestern hatte sie einen Brief bei sich, in dem stand „Es ist nun soweit. Ich erwarte
5 dich jetzt jeden Tag. Denk immer daran ..."
(...)
Sie fuhr nicht zum ersten Mal nach Berlin, aber damals begriff sie, daß sie diese Stadt überhaupt nicht kannte. Sie fuhren an Laubengärten vorbei, an Parks, dann an den ersten Fabriken. Keine schöne Stadt, dachte sie. Aber man sieht ihr nichts an.
Ihr Reisebegleiter sah auf. „Ich hoffe", sagte er freundlich, „Ihr Verlobter wohnt in Pan-
15 kow oder Schöneweide?"
„Warum?" fragte Rita bestürzt.
„Man könnte Sie danach fragen."
„Ja", sagte sie schnell. „Pankow. Er wohnt in Pankow."
20 „Dann ist's ja gut."
Will er mich aushorchen? Oder warnen? Und was sage ich, wenn sie nach der Straße fragen? Wie wenig eigne ich mich für das, was ich da tue ... Wer soll mir glauben, daß
25 ich es tun muß?
Zum Nachdenken blieb keine Zeit mehr. Der Zug hielt. Polizisten kamen herein und verlangten die Ausweise zu sehen. (Wenn sie mich fragen – lügen werde ich nicht. Dem
30 nächsten besten erzähle ich jetzt alles von Anfang bis Ende.) Sie blätterten in ihrem Ausweis und gaben ihn zurück. Ihre Hände zitterten, als sie ihn in die Tasche zurücksteckte. Nicht sehr wirksam, diese Kontrol-
35 le, dachte sie fast enttäuscht.
Der Mann, der ihr gegenübersaß, trocknete sich mit einem blütenweißen, scharf gebügeltem Taschentuch die Stirn.
„Heiß", sagte er.
40 Danach sprachen sie nicht mehr. Rita sah ihn noch einmal an der Sperre, zusammen mit einer Frau, die aus dem gleichen Zug gestiegen war und mit der er sehr vertraut schien.
45 Dann vergaß Rita ihn. Sie hatte ihre eigenen Sorgen. In der Nebenhalle des Bahnhofs fand sie einen großen Stadtplan. Sie stand sehr lange davor und lernte fremde Straßen- und Bahnhofsnamen auswendig. Ihr war
50 klar: In der Sache, die sie heute vorhatte, war sie ganz auf sich angewiesen.
Sie trat an den Fahrkartenschalter. Zum ersten Mal mußte sie preisgeben, was sie tun wollte.
55 „Zoologischer Garten", sagte sie.
Gleichmütig wurde ihr eine kleine gelbe Pappkarte zugeschoben. „Zwanzig", sagte die Frau hinter der Glasscheibe.
„Und wenn man – zurückkommen will?"
60 fragte Rita zaghaft.
„Also vierzig", sagte die Frau, nahm die Karte zurück und schob eine andere durch das Fensterchen.
Darin also unterschied diese Stadt sich von
65 allen anderen Städten der Welt: Für vierzig Pfennig hielt sie zwei verschiedene Leben in der Hand.
(...)
„Jetzt müssen wir Wein trinken, nicht?"
70 sagte Manfred. Rita nickte. Sie sah zu, wie er der abgehetzten Kellnerin die Flasche aus der Hand nahm und selbst eingoß. Der Wein war grünlich gelb, er hatte seinen Duft und seine herbe Leichtigkeit schon in der
75 Farbe. Mondwein, dachte sie. Nachtwein, Erinnerungswein ...
„Worauf trinken wir?" fragte er. Da von ihr keine Antwort kam, hob er sein Glas. „Auf dich. Auf deine kleinen Irrtümer und ihre
80 großen Folgen."

„Ich trink auf gar nichts", sagte sie. Sie trank auf gar nichts mehr.

Als die Flasche leer war, verließen sie das Café (…). Sie gingen die Straße hinunter bis an einen großen runden Platz, der fernab vom Verkehr um diese Zeit fast einsam war. Sie blieben an seinem Rand stehen, als scheuten sie sich, seine Ruhe zu verletzen. Eine merkwürdige, aus vielen Farben gemischte Tönung, die über dem Platz lag, lenkte ihre Blicke nach oben. Genau über ihnen verlief, quer über dem großen Platz, die Grenze zwischen Tag- und Nachthimmel. Wolkenschleier zogen von der schon nachtgrauen Hälfte hinüber zu der noch hellen Tagseite, die in unirdischen Farben verging. Darunter – oder darüber? – war Glasgrün, und an der tiefsten Stelle sogar noch Blau. Das Stückchen Erde, auf dem sie standen – eine Steinplatte des Bürgersteigs, nicht größer als ein Meter im Quadrat – drehte sich der Nachtseite zu.

Früher suchten sich die Liebespaare vor der Trennung einen Stern, an dem sich abends ihre Blicke treffen konnten. Was sollen wir uns suchen?

„Den Himmel wenigstens können sie nicht zerteilen", sagte Manfred spöttisch.

Den Himmel? Dieses ganze Gewölbe von Hoffnung und Sehnsucht, von Liebe und Trauer? „Doch", sagte sie leise. „Der Himmel teilt sich zuallererst."

Der Bahnhof war nahe. Sie gingen durch eine schmale Seitenstraße und hatten ihn vor sich. Manfred blieb stehen. „Dein Koffer!" Er sah, daß sie nicht mehr zurückgehen würde. „Ich schick in dir." Alles, was sie brauchte, hatte sie in der Handtasche.

Sie kamen in den dicksten Abendverkehr. Sie wurden gestoßen, gedrängt, auseinander getrieben. Er mußte sie festhalten, um sie nicht jetzt schon zu verlieren. Er umspannte mit der Hand leicht ihren Oberarm und schob sie vor sich her. Keiner sah das Gesicht des anderen, bis sie in der Bahnhofshalle stehen blieben.

Was jetzt nicht beschlossen war, konnten sie nicht mehr beschließen. Was jetzt nicht gesagt war, konnten sie nicht mehr sagen. Was sie jetzt nicht voneinander wußten, würden sie nicht mehr erfahren.

Ihnen blieb nur dieser schwerelose, blasse, nicht von Hoffnung und noch nicht von Verzweiflung gefärbte Augenblick.

Rita nahm ein Fädchen von seiner Jacke. Ein Blumenverkäufer, der genau studiert hatte, wann man abschiednehmende Liebespaare stören darf, trat an sie heran. „Ein Sträußchen gefällig?" Rita schüttelte hastig den Kopf. Der Mann zog sich zurück. Man lernte nie aus.

Manfred sah auf die Uhr. Ihre Zeit war genau bemessen. „Geh jetzt", sagte er. Er ging mit ihr bis zur Sperre. Da blieben sie wieder stehen. Rechts zog der Strom zum Bahnsteig hoch an ihnen vorbei, links der Strom zurück in die Stadt. Sie konnten sich auf ihrem Inselchen nicht lange halten. „Geh", sagte Manfred.

Sie sah ihn weiter an.

Er lächelte (sie soll ihn lächeln sehen, wenn sie an ihn denkt).

„Leb wohl, braunes Fräulein", sagte er zärtlich. Rita legte ihren Kopf eine Sekunde lang an seine Brust. Noch Wochen später fühlte er den federleichten Druck, wenn er die Augen schloß.

Sie mußte dann wohl durch die Sperre und die Treppe hinaufgegangen sein. Sie muß mit einer Bahn gefahren sein, die sie zum richtigen Bahnhof brachte. Sie wunderte sich nicht, daß nun alles leicht und schnell ineinander griff. Ihr Zug stand schon da, wenig besetzt. Ohne Hast stieg sie ein, nahm Platz, und da fuhren sie schon. So mußte es sein. Das geringste Hindernis zu überwinden, irgendeinen noch so unwichtigen Entschluß zu fassen, wäre jetzt über ihre Kraft gegangen.

Sie schlief nicht, aber sie war auch nicht voll bei Bewußtsein. Das Erste, was sie nach langer Zeit wahrnahm, war ein heller stiller Teich im dunklen Land. Der hatte das ganze bißchen Licht, das immer noch am Himmel war, auf sich gezogen und spiegelte es verstärkt zurück.

Merkwürdig, dachte Rita. So viel Helligkeit bei so viel Dunkel.

Szenenfoto aus dem DEFA-Film „Der geteilte Himmel" (1964, Regie: Konrad Wolf)

Erkunden, erforschen:
Historisches Bezugsfeld des Romans:
Von 1950–1960 verringert sich die Gesamtzahl der Beschäftigten in der DDR durch Republikflucht um 1,1 Millionen.

Nachschlagen, sich informieren:
Sozialist. Realismus
→ „Spiegelungen – Deutsche Literatur seit 1945", S. 19 ff.

Stimmen zum Werk

Damals hatte auch ich die Zuversicht, daß mit der grundlegenden Veränderung der Eigentumsverhältnisse eine nächste Phase der Menschheitsentwicklung eingeleitet sei, insofern hatte ich auch das Gefühl im Verhältnis zur Bundesrepublik in einer ‚anderswerdenden' Gesellschaftsformation zu leben, und die Hoffnung, daß noch während meiner Lebenszeit die Vorzüge der sozialistischen Gesellschaft sich entwickeln würden.
(Christa Wolf, 1990)

Freilich griff Christa Wolf mit dem Zurückgehen in die Geschichte eines Menschen ein wichtiges Problem auf: die Deformierung des Charakters durch den Kapitalismus, die oft die sozialistische Gesellschaft hemmt. Aber fasste sie es an, dass deutlich wurde, wie sich die Menschen in unserer Gesellschaft ändern, charakterlich gesunden? Nein, von der alles verändernden Kraft unserer Gesellschaft ist in der Erzählung zu wenig spürbar (…)
Christa Wolf spinnt an einigen Stellen und Figuren den Faden dekadenter Lebensauffassung in unsere sozialistische Gesellschaft, und das hinterlässt beim Leser das Gefühl, dass hier eine noch zwiespältige Autorin versucht, unvereinbare Ideologien miteinander zu verbinden.
D. Allert/H. Welzelt, „Freiheit", Halle, vom 31.8.1963

Was die Erzählung Christa Wolfs von manchen Werken, die in den letzten Jahren in der Zone herausgekommen sind, angenehm unterscheidet, ist die Tatsache, dass sie nicht ganz in der üblichen Schwarz-Weiß-Manier geschrieben ist, sondern meist grau-weiße Töne bevorzugt. (…)
Obgleich die Erzählung durch diese Auflockerung des sozialistischen Realismus-Schemas gewinnt, bleibt sie letzten Endes doch zweckgebundene „Mauer-Literatur".
W. Osten, „Stuttgarter Zeitung", Stuttgart, vom 7.11.1963

Christa Wolf ist zu erfahren, zu klug und zu ehrlich, um die Propagandaphrase, der Sozialismus sei in der Sowjetzone schon Wirklichkeit, für bare Münze zu nehmen. Das verbietet ihr in den Chor der Lobsänger einzustimmen, die den Ulbricht-Staat als beste aller Welten rühmen. Christa Wolf ist fähig, auch die Schattenseiten der „neuen Gesellschaft" zu schildern. Sie kritisiert beispielsweise anhand eines verbissenen Thesenreiters die lähmenden Wirkungen des Dogmatismus. Aber Christa Wolf wertet diese Schattenseiten nicht als prinzipielle Mängel des Systems, sondern als dessen historisch bedingte Begleiterscheinungen.
Wolfgang Werth, „Deutsche Zeitung und Wirtschaftszeitung", Stuttgart, vom 5./6. Oktober 1963

Nach wie vor halte ich die Kritik an Christa Wolfs Erzählung in zweierlei Hinsicht prinzipiell für gerechtfertigt: 1. dass die nationale Frage in Deutschland nicht als Frage des Klassenkampfes empfunden und dargestellt wird, 2. dass die führende Rolle der marxistisch-leninistischen Partei beim Aufbau des Sozialismus in der DDR nicht sichtbar wird.
Erik Neutsch, „Freiheit", Halle, vom 28. September 1963

Untersuchen, erkunden:
Ursachen für die unterschiedlichen Lesarten des Werkes

Nachdenken über Christa T. (1968, Auszug)

Seit 1965 versucht die Parteiführung der SED zunehmend kritische Künstler durch Verbote und Bestrafung auf Parteilinie zu bringen. Christa Wolf, damals noch Kandidatin des ZK (= Zentralkomitee der SED), widersetzt sich und fordert eine „offene geistige Auseinandersetzung". 1967 verliert sie ihren Kandidatenstatus.
Ihr neues Werk „Nachdenken über Christa T." weist nicht nur eine Veränderung in der Schreibweise auf, sondern auch ein anderes schriftstellerisches Selbstverständnis, das sich gegen die politische Instrumentalisierung der Literatur wendet und die Rolle des belehrenden sozialistischen Autors ablehnt. Das Werk wird zum literaturpolitischen Streitfall. Es ist scharfer ideologischer Kritik ausgesetzt und bringt die Autorin in Konflikt mit der Zensur. Während das Buch in Westdeutschland schon bald ein viel gelesener Text ist, der sogar auf den Bestsellerlisten landet, wird die Veröffentlichung in der DDR zwei Jahre lang systematisch verzögert.

Nachdenken, ihr nach – denken. Dem *Versuch, man selbst zu sein*. So steht es in ihren Tagebüchern, die uns geblieben sind, auf den losen Blättern der Manuskripte, die man aufgefunden hat, zwischen den Zeilen der Briefe, die ich kenne. Die mich gelehrt haben, daß ich meine Erinnerung an sie, Christa T., vergessen muß. Die Farbe der Erinnerung trügt. (…)

Es war der Tag, an dem ich sie Trompete blasen sah. Da mag sie schon monatelang in unserer Klasse gewesen sein. Da kannte ich ihre langen Glieder und den schlenkrigen Gang und den kunstlosen, kurzen Haarschwanz in der Nackenspange schon auswendig, ebenso wie ihre dunkle, etwas rauhe Stimme und ihr leichtes Lispeln.

Das alles zum erstenmal gesehen und gehört, am ersten Morgen, als sie bei uns erschien, anders möchte ich es nicht nennen. Sie saß in der letzten Bankreihe und zeigte keinen Eifer, mit uns bekannt zu werden. Eifer hat sie nie gezeigt. Sondern sie saß in ihrer Bank und sah genauso unsere Lehrerin an, uneifrig, eiferlos, wenn man sich darunter etwas vorstellen kann. Denn aufsässig war ihr Blick nicht. Doch mag er so gewirkt haben unter all den hingebenden Blicken, an die unsere Lehrerin uns gewöhnt hatte, weil sie, wie ich es heute glaube, von nichts anderem lebte.

Nun, willkommen in unserer Gemeinschaft. Wie hieß denn die Neue? Sie erhob sich nicht. Sie nannte mit angerauhter Stimme, leicht lispelnd, ihren Namen: Christa T. War es möglich, hatte sie mit den Brauen gezuckt, als unsere Lehrerin sie duzte? In weniger als einer Minute würde sie in ihre Schranken gewiesen worden sein.

Wo kam sie denn her, die Neue? Ach, nicht aus dem bombardierten Ruhrgebiet, nicht aus dem zerstörten Berlin? Eichholz – du lieber Himmel! Bei Friedeberg. Zechow, Zantoch, Zanzin, Friedeberg, wir dreißig Einheimischen fuhren in Gedanken die Kleinbahnstrecke ab. Entrüstet, das versteht sich. Kraucht aus einem Dorfschullehrerhaus, keine fünfzig Kilometer von hier, und dann dieser Blick. Ja, wenn einer ein paar Dutzend rauchende Zechenschornsteine hinter sich hat, oder wenigstens den Schlesischen Bahnhof und den Kurfürstendamm … Aber Kiefern und Ginster und Heidekraut, denselben Sommergeruch, den auch wir bis zum Überdruß und fürs Leben in der Nase hatten, breite Backenknochen und bräunliche Haut, und dieses Benehmen?

Was sollte man davon halten?

Nichts. Nichts und gar nichts hielt ich davon, sondern ich sah gelangweilt aus dem Fenster, das sollte jeder merken, der von mir etwas wissen wollte. Ich sah, wie die Turnlehrerin mit den Fähnchenständern ihr ewiges Völkerballfeld markierte, das war mir immer noch lieber, als zuzusehen, wie diese Neue mit unserer Lehrerin umging. Wie sie die bei der Stange hielt. Wie sie aus dem Verhör, das in der Ordnung gewesen wäre, eine Unterhaltung machte und wie sie auch noch bestimmte, worüber man sprechen wollte. Ich glaubte meinen Ohren nicht zu trauen: über den Wald. Das Spiel da unten wurde angepfiffen, aber ich drehte den Kopf und starrte die Neue an, die kein Schulfach nennen wollte, das sie am liebsten hatte, weil sie am liebsten in den Wald ging. So hörte sich die Stimme der Lehrerin an, wenn sie nachgibt, das hatten wir noch nicht. (…)

Aus eigenen Erinnerungen und authentischen Dokumenten (Zitaten aus Briefen und Tagebüchern) formt die Icherzählerin das Lebensbild ihrer Schulkameradin und Freundin Christa T., die nach dem II. Weltkrieg in der DDR Lehrerin geworden und an Leukämie gestorben ist.
Die vielfältigen Ansätze des „Nachdenkens" sowie Reflexionen über den Gegenstand und den Vorgang des Schreibens haben als gemeinsamen Bezugspunkt die nach und nach deutlich werdende Spannung zwischen dem Aufbau der sozialistischen Gesellschaft der DDR und dem Anspruch der Christa T. auf individuelle Entwicklung der Persönlichkeit.

„Das Bedürfnis, auf eine neue Art zu schreiben, folgt, wenn auch mit Abstand, einer neuen Art, in der Welt zu sein."
(Christa Wolf, 1991)

Christa Wolfs „Nachdenken über Christa T." strotzt vor Widersprüchen und dennoch ist das Buch überraschend einheitlich. Traditionsbewusst und vielen Vorbildern verpflichtet, erweist es sich trotzdem als durchaus eigenwillig und modern zugleich. Es ist ein leicht angreifbares und schwer greifbares Stück Literatur, ein Roman, der Interpretationen geradezu herausfordert und der sich schließlich, nicht ohne Grazie und Koketterie, jeglicher Interpretation entziehen möchte. Kurz: ein höchst erfreulicher Fall.
(Marcel Reich-Ranicki, 1969)

Da fing sie zu blasen an, oder zu rufen, es gibt das richtige Wort dafür nicht. Daran hab' ich sie erinnert oder erinnern wollen in meinem letzten Brief, aber sie las keine Briefe mehr, sie starb. Lang ist sie ja immer gewesen, auch dünn, bis auf die letzten Jahre, nach den Kindern. So ging sie vor uns her, stakste erhobenen Hauptes auf der Rinnsteinkante entlang, hielt sich plötzlich eine zusammengedrehte Zeitung vor den Mund und stieß ihren Ruf aus: Hooohaahooo, so ungefähr. Sie blies ihre Trompete, und die Feldwebel und Unteroffiziere vom Wehrbezirkskommando hatten gerade Pause und sahen sich kopfschüttelnd nach ihr um. Na, die aber auch, hat der Mensch Töne? Da siehst du nun, wie sie sein kann, sagte eine zu mir.

Da sah ich's nun. Grinste dazu wie alle, wußte aber, daß ich nicht grinsen sollte. Denn anders als alle erlebte ich diese Szene nicht zum ersten Mal. Ich suchte, wann sie schon einmal so vor mir hergegangen sein konnte, und fand, daß es kein Vorbild für diesen Vorgang gab. Ich hatte es einfach gewußt. Nicht, daß ich mit der Trompete gerechnet hätte, da müßte ich lügen. Aber was man nicht weiß, kann man nicht sehen, das ist bekannt, und ich sah sie. Sehe sie bis heute, aber heute erst recht. Kann auch besser abschätzen, wie lange es dauert und was es kostet, dieses dümmliche Grinsen endlich aus dem Gesicht zu kriegen, kann lächeln über meine Ungeduld von damals. Nie, ach niemals wieder wollte ich so am Rand eines Stadtparks stehen, vor der eingezäunten Rehwiese, an einem sonnenlosen Tag, und den Ruf stieß ein anderer aus, der alles wegwischte und für einen Sekundenbruchteil den Himmel anhob. Ich fühlte, wie er auf meine Schulter zurückfiel. (...)

Immerhin, sie ließ mich einiges wissen. Sie erteilte Auskünfte, jedermann konnte sehen, wer die Fragen stellte und wer die Antworten gab. Wir weckten schon Neid, wir galten schon als tabu, da hatten wir noch kein vertrauliches Wort gesprochen. Schnell und achtlos hatte ich alle anderen Fäden zerissen, ich fühlte auf einmal mit Schrecken, daß es böse endet, wenn man alle Schreie frühzeitig in sich erstickt, ich hatte keine Zeit mehr zu verlieren. Ich wollte an einem Leben teilhaben, das solche Rufe hervorbrachte, hooohaahooo, und das ihr bekannt sein mußte.

(...)

Christa T. hat, auch wenn sie lässig schien, anstrengend gelebt, das soll bezeugt sein, obwohl es hier nicht darum gehen kann, sie zu verteidigen: Kein Verfahren findet statt, kein Urteil wird gesprochen, nicht über sie noch über irgend jemanden sonst, am wenigsten über

Paula Modersohn-Becker: Blasendes Mädchen im Birkenwald

das, was wir „die Zeit" nennen, womit nicht viel gesagt ist. Sie hat nicht versucht, sich davonzumachen, womit gerade in jenen Jahren so mancher begonnen hat. Wenn sie ihren Namen aufrufen hörte: „Christa T.!", dann stand sie auf und ging hin und tat, was von ihr erwartet wurde, aber wem soll sie sagen, daß sie lange dem Namensruf nachlauschen muß: Bin wirklich ich gemeint? Oder sollte es nur mein Name sein, der gebraucht wird? Zu anderen Namen gezählt, emsig addiert vor dem Gleichheitszeichen? Und ich könnte ebensogut abwesend sein, keiner würde es bemerken? Sie sah auch, wie man anfing, zu entschlüpfen, die bloße Hülle, den Namen zurückzulassen. Das hat sie nicht gekonnt.

Aber auch die Fähigkeit, in einem Rausch zu leben, ist ihr abgegangen. Die heftigen, sich überschlagenen Worte, die geschwungenen Fahnen, die überlauten Lieder, die hoch über unseren Köpfen im Takt klatschenden Hände. Sie hat gefühlt, wie die Worte sich zu verwandeln beginnen, wenn nicht mehr guter Glaube und Ungeschick und Übereifer sie hervorschleudern, sondern Berechnung, Schläue, Anpassungstrieb. Unsere Worte, nicht einmal falsch – wie leicht wäre es sonst! –, nur der sie ausspricht, ist ein anderer. Verändert das alles?

Christa T., sehr früh, wenn man es heute bedenkt, fing an, sich zu fragen, was denn das heißt: Veränderung. Die neuen Worte? Das neue Haus? Maschinen, größere Felder? Der neue Mensch, hörte sie sagen und begann, in sich hineinzublicken. Denn die Menschen waren nicht leicht zu sehen hinter den überlebensgroßen Papptafeln, die sie trugen, und an die wir uns, was sehr merkwürdig ist, schließlich sogar gewöhnten. Für die wir dann zu streiten anfingen: Wer würde heute noch an sie erinnern, wenn sie wirklich ganz und gar draußen geblieben und nicht auf vielen Wegen in uns eingedrungen wären? So daß nicht mehr sie uns mißtrauten, sie und die schrecklich strahlenden Helden der Zeitungen, Filme und Bücher, sondern wir uns selber: Wir hatten den Maßstab angenommen und – beklommen, erschrocken – begonnen, uns mit jenen zu vergleichen. Es war dafür gesorgt, daß der Vergleich zu unseren Ungunsten ausfiel. So entstand um uns herum, oder auch in uns, was dasselbe war, ein hermetischer Raum, der seine Gesetze aus sich selber zog, dessen Sterne und Sonnen scheinbar mühelos um eine Mitte kreisten, die keinen Gesetzen und keiner Veränderung und am wenigsten dem Zweifel unterworfen war. Der Mechanismus, nach dem sich das alles bewegte – aber bewegte es sich denn? –, die Zahnräder, Schnüre und Stangen waren ins Dunkel getaucht, man erfreute sich an der absoluten Perfektion und Zweckmäßigkeit des Apparats, den reibungslos in Gang zu halten kein Opfer zu groß schien – selbst nicht das: sich auslöschen. Schräubchen sein. Und erst heute kommt das rechte Erstaunen darüber bei uns an: So weit ist der Weg der Gefühle.

Am Text erarbeiten:
Christa Wolfs neue Schreibweise im Vergleich zu „Der geteilte Himmel" (Erzählerrolle, weibliche Hauptfigur, Sprache, schriftstellerisches Selbstverständnis)

Selbst gestalten:
einen Dialog zwischen Christa T. und der Icherzählerin, in dem die Identitätsprobleme und Selbstzweifel von Christa T. zur Sprache kommen

Selbstinterview

Frage: Können Sie etwas über den Stoff dieser Erzählung sagen?
Antwort: Schwerlich. Denn da ist kein „Stoff" gewesen, der mich zum Abschildern reizte, da ist kein „Gebiet unseres Lebens", das ich als Milieu nennen könnte, kein „Inhalt", keine „Fabel", die sich in wenigen Sätzen angeben ließe. Zu einem ganz subjektiven Antrieb muß ich mich bekennen:
Ein Mensch, der mir nahe war, starb, zu früh. Ich wehre mich gegen diesen Tod. Ich suche nach einem Mittel, mich wirksam wehren zu können. Ich schreibe suchend. Es ergibt sich, daß ich eben dieses Suchen festhalten muß, so ehrlich wie möglich, so genau wie möglich.
Frage: So schreiben Sie also eine Art von postumem Lebenslauf?
Antwort: Das dachte ich zuerst. „Später merkte ich, daß das Objekt meiner Erzählung gar nicht so eindeutig sie, Christa T., war oder blieb. Ich stand auf einmal mir selbst gegenüber, das hatte ich nicht vorgesehen."
(Christa Wolf, 1966)

Lesetipps:
Sarah Kirsch:
Die Pantherfrau (1973)
Maxie Wander:
Guten Morgen, du Schöne (1979)
Toril Eide:
Östlich der Sonne und westlich des Monds (1994)

Dokumente zur Zensurgeschichte

Aus einem Gutachten zu Christa Wolfs Roman

Der allgemeine Leserkreis dieses Buches kann nur klein und auch in Schichten, die für sich ein hohes literarisches Niveau-Bedürfnis in Anspruch nehmen, nur gering sein, da sowohl die sprunghaft-geschachtelte Schreibweise als auch der Inhalt so verschwommen-depressiv, so dekadent-abwegig wirken, dass ein gesund empfindender, noch dazu im Sozialismus lebender Leser mit dieser verbrämt Dostojewski-Kafkaistischen, Bennschen „Literatur" nichts anzufangen weiß, dass er das Buch wirr findet, wieder fortlegt, oder sich, nach mühsamem Durchlesen, in keiner Weise bereichert, sondern von der Morbidität abgestoßen fühlt. (...) Insgesamt ein Buch, welches nur in die Bibliothek bei uns lebender Spinner und in die Arsenale des Klassengegners passt – in unserem Staat ist es ein Fremdkörper.

Christa Wolf an die Abteilung Kultur des ZK der SED, 6. Februar 1969

(...) Bei dieser Gelegenheit halte ich es für nötig, einmal zu sagen, daß ich nicht verstehen kann, wie dieses Manuskript und damit ich in letzter Zeit behandelt wurden. Seit mindestens drei Monaten – aber wie ich weiß, schon wesentlich länger – wird durch einzelne Genossen, die sich eine Kenntnis des Manuskripts verschaffen konnten, eine öffentliche und nichtöffentliche Polemik gegen das Buch geführt, immer vor Gremien, die es nicht kennen konnten und bei denen ich weder anwesend noch überhaupt eingeladen war (wie ich übrigens auch zur ersten Sitzung der Parteigruppe des Vorstands nicht eingeladen war): Dann wurden Beschlüsse gefaßt: Stoppen des Fertigungsprozesses, schließlich doch Freigabe einer kleinen Auflage (wie ich unamtlich höre, von etwa 4 000 Exemplaren), von der aber auch wieder nur ein Teil ausgeliefert werden soll – das alles, ohne daß ich ein einziges Wort der Begründung für diese Maßnahmen erfahren konnte, geschweige denn die Möglichkeit hatte, mit den für die Beschlüsse Verantwortlichen zu reden. Selbstverständlich kann ich diese Vorgänge, auf die Einfluß zu nehmen ich keine Möglichkeit sehe, nur unter Protest zur Kenntnis nehmen. (...)

Diskussionsbeitrag von Heinz Adameck auf der 10. Tagung des ZK der SED, 1969

(...) Wir haben oft gesagt: Aus dem Erleben und Meistern der wissenschaftlich-technischen Revolution unter sozialistischen Bedingungen erwachsen im Massenumfang neue Bedürfnisse nach sozialistisch-realistischen Kunstwerken. Neue Denk- und Verhaltensweisen, neue Charakterzüge, neue Helden treten hervor, neue Auseinandersetzungen, Entscheidungen und Bewährungen, die nach Gestaltung drängen. (...) Die Einheit von sozialistischer Parteilichkeit und künstlerischer Meisterschaft ist für sie (die Künstler) keine bloße These mehr, sondern eine praktische Maxime, die zu Leistungen führt, die auch dem eigenen Leben und Schaffen neuen Inhalt geben. (...)

Bei einigen Leuten hat das Ringen um eine klare politische Konzeption und eine parteiliche sozialistische Aussage, um eine Gestaltung im Sinne des sozialistischen Realismus zu einem Gerede über den angeblichen Gegensatz von Kunst und Agitation geführt. (...) Solche Leute wollen uns ihre Auffassungen davon aufschwatzen, was Kunst und was Agitation ist. Diese Teilung sieht dann so aus: Klare, standfeste parteiliche Charaktere, große Gestalten, positive Leitbilder – das sei Agitation. Gebrochene, gescheiterte Figuren irgendwo am Rande der Gesellschaft – das sei die Kunst. (Heiterkeit)

(Erich Honecker: Skeptizistische!) (...)

Natürlich, liebe Genossen, leben die Fernsehkollektive nicht auf einer Insel im Kulturleben unserer Gesellschaft. Sie fragen in den letzten Monaten immer mehr – und diese Frage habe ich auch –: Was für eine politische Ästhetik oder was für eine ästhetische Politik steht eigentlich hinter einigen literarischen Neuerscheinungen? Ich meine damit „Nachdenken über Christa T." von Christa Wolf, „Zerreißprobe" von Rudolf Bartsch, „Kramen in Fächern" von Kunert, „Ruhelose Jahre" von Claudius. Aber das sind Bücher, die in jüngster Zeit im Mitteldeutschen Verlag und im Aufbau-Verlag erschienen sind.

Hier ergibt sich doch wirklich die Frage: Welche Leitbilder hat da welche Leitung in Auftrag gegeben? Offensichtlich stimmt doch bei den Autoren dieser Werke – das ist meine Meinung – und auch den verantwortlichen Lektoren und Verlagsdirektoren die Ideologie nicht. (...)

Brigitte Reimann an Christa Wolf:

29.1.1969
(...) Halt dein Herz fest; du weißt ja, was dich erwartet. Man hört schon allerlei von gewetzten Messern (...)

16.2.1969
(...) Ich wünschte, du denkst öfter an die Bewundernden und Verlässlichen, an die, die dir zuhören und auf dein Buch warten, weil sie auf Antworten (...) warten oder darauf, dass hier etwas artikuliert wird, was man selbst nur dunkel empfindet, bestenfalls stammelnd auszudrücken vermag (...)

Tagebuchauszug von Christa Wolf

15.11.1969
Mit Otto Gotsche (Sekretär von Walter Ulbricht) war ich für den 12. im Staatsrat verabredet – ein Versuch, meine Immunität zu erhöhen. (...)
Zeile für Zeile könne er mir beweisen, von welch falschem Standpunkt aus dieses Buch geschrieben sei. Daß es jungen Leuten gefalle, beweise gar nichts. Sie durchschauten die Schädlichkeit ja gar nicht, oder sie geilten sich daran nach der falschen Richtung auf, oder sie würden bei persönlichen Kontakten einfach durch mich verführt. (...)
In Rumänien habe man ihn gefragt, warum mein Buch hier nicht erscheine. Er habe geantwortet, bei uns könne jeder schreiben, was er wolle, es gebe keine Tabus. Er müsse nur den richtigen Standpunkt haben, den ich allerdings vermissen ließe. Wenn einige Leute, auch ich, in nächster Zeit nicht ein bißchen andere Bücher schrieben, dann könnten sie eines Tages ihr blaues Wunder erleben.

Eine Einschätzung aus dem westlichen Feuilleton

Für den Arzt ist der Fall klar: „Todeswunsch als Krankheit. Neurose als mangelnde Anpassungsfähigkeit an gegebene Umstände." Das wahrlich ist ein vollendeter Euphemismus: „gegebene Umstände". Sagen wir klar: Christa T. stirbt an Leukämie, aber sie leidet an der DDR.
(Marcel Reich-Ranicki, „Die Zeit", Hamburg, vom 23.5.1969)

An den Texten erarbeiten:
Gründe für die „Gefährlichkeit" des Werks

Nachschlagen, informieren:
Maßregelungen der SED und Auswirkungen auf Christa Wolf, ihr Werk und das literarische Leben in der DDR insgesamt

2 Kindheitsbewältigung und Selbstbefragung

Kindheitsmuster (1976, Auszug)

Christa Wolf geht in diesem Werk den Ursachen und Wirkungen des Nationalsozialismus nach. Die Erforschung der eigenen Kindheit führt zur Aufdeckung von Verhaltens- und Bewusstseinsmustern, die die Menschen zutiefst geprägt haben und die sich bis in die Gegenwart auswirken.

Damit widerspricht Christa Wolf der Selbstdarstellung der DDR als antifaschistischer Musterstaat, dessen Bürger den Nationalsozialismus bewältigt haben, und rückt eine nur verdrängte, aber nicht „erledigte" Vergangenheit in den Blick.

Vorgestern, in einer Aprilnacht 1973 – du kommst, einer Umleitung wegen, nicht auf der Hauptstraße, sondern über die Dörfer allein im Auto nach Hause, etwas müde, daher angespannt aufmerksam –, hast du beinahe eine Katze überfahren. Es war auf dem Katzenkopf-
5 pflaster einer Dorfstraße. Sie kam langsam von links, du fuhrst nicht schnell, doch reagierte sie überhaupt nicht, wie Tiere sonst, auf das näher kommende Auto; zu stark konntest du nicht bremsen, die Straße war feucht. Du sahst, wie sie sich im Schreck duckte. Was du noch tun konntest: sie zwischen die Räder nehmen. Sie kam un-
10 ter das Auto. Es gab einen gar nicht lauten, aber gräßlichen Schlag. Du mußtest weiterfahren. Hieltest an, sahst dich um. Da lag sie auf der Straße, erhob sich mühsam. Auf beiden Hinterpfoten hinkend, schleppte sie sich zur anderen Straßenseite, verschwand, anscheinend wieder normal laufend, in die Hecke.
15 Weit und breit auf der spärlich erleuchteten Dorfstraße kein Mensch, kein Tier, auch kein Verkehr um diese Zeit. Fünf Sekunden zu früh hat sich die Katze oder fünf Sekunden zu spät hast du dich auf den Weg gemacht. Du willst es nicht glauben oder wenigstens nicht wahrhaben, daß dir das passiert sein soll, mußt noch einmal halten,
20 um ruhiger zu werden. Im Schleichtempo nach Hause, kein Wort über den Vorfall. Du gehst schlafen. In einem kurzen englischen Text, den du noch zu lesen versuchst, spricht eine der Figuren, betrunken, untröstlich, immer den gleichen Satz: But I was an nice girl.
Mitten in der Nacht erwachen. Das unstillbare Weinen. But I was ...
25 Alle für immer verlorenen Möglichkeiten versammelten sich in jener Nacht um dich.
Zum „Dienst" in der Hitler-Jugend muß Nelly sich gedrängt haben. In der langen Schlange steht sie vor der Turnhallentür, hinter der die bedeutsame Prozedur der Einschreibung vor sich ging: Bald darauf
30 sitzt sie in einem Klassenzimmer. Der erste Heimatabend findet statt, mit den anderen singt sie: „In dem Walde steht ein Haus", ein Kinderlied, dessen sehr einfacher Text mit Handbewegungen begleitet wird. Der Vorgang war peinlich, und Nelly genierte sich, aber sie unterdrückte ihre Befangenheit und lachte laut – vielleicht überlaut
35 – mit, als die Führerin in fröhliches Gelächter ausbrach. Es war eine Genugtuung, der Führerin zu Gefallen zu lachen und den eigenen unangemessenen Zustand – Verlegenheit – nicht zu beachten. Es war eine Lust, die Leutseligkeit der Führerin zu genießen, die ein lustiges Mädchen war und Marianne hieß, sich aber Micky nennen
40 ließ. Nennt mich Micky wie alle, ich sehe ja doch aus wie eine

---

Wo ist das Kind, das ich gewesen,
ist es noch in mir oder fort? (...)
Wann liest der Falter, was auf seinen
Flügeln im Flug geschrieben steht?
*(Pablo Neruda, Buch der Fragen,
Motto von „Kindheitsmuster")*

Der Erzählvorgang umfasst drei eigenständige Handlungs- und Zeitebenen, in denen sich Autobiografisches und Fiktionales mischen: Den Erzählrahmen bildet eine Reise, die die Erzählerin, die in der DDR lebt und schreibt, mit ihrem Mann, ihrem Bruder und ihrer Tochter Lenka 1971 in ihre Heimatstadt unternimmt, die inzwischen zu Polen gehört. Diese Rückkehr weckt Erinnerungen an die Vergangenheit. Die Erzählerin begibt sich auf Spurensuche in ihre Kindheit und Jugend zwischen 1933 und 1947, von der sie jedoch in der dritten Person als Nelly Jordan berichtet.

Auf einer weiteren Ebene wird die Schreibgegenwart der Erzählerin während der Niederschrift des Manuskripts selbst zum Thema. Erlebnisse aus der Gegenwart der DDR und Anmerkungen zu politischen Ereignissen verflechten sich mit den anderen Erzählebenen, bleiben aber stets in ihrem jeweiligen zeitlichen Bezug erkennbar.

Zur formalen Struktur

Selbstgespräch → du

Erzählerin ← ↓

Nelly → sie
(das Kind)

● **Am Text erarbeiten:**
Erzählerische Funktion der formalen Struktur

Mickymaus. Eine andere Art von Lust, sich am Ende des Heimatabends, die Scheu überwindend, mit den anderen um Micky zu drängen, ihre Hand zu ergreifen, die unerhörte Vertraulichkeit auszukosten. Und auf der Heimfahrt sich durch häufigen inneren Ge-
45 brauch des neuen Wortes zu versichern: Kameradschaft. (…)
Im Herbst wurde sie krank. Sie muß sich bei einem längeren Appell unter freiem Himmel erkältet haben, auf der Spielwiese im Zanziner Wäldchen, das ihr am Nachmittag eures ersten Reisetages besuchen werdet. Diesmal verstand es sogar Charlotte nicht. Der Nachmittag
50 war warm gewesen, selbst sie hätte gegen einen längeren Aufenthalt im Freien nichts einzuwenden gehabt. Aber Nelly fieberte schon, als sie nach Hause kam, und zeigte eine seltsame Abneigung, zu sprechen oder sich überhaupt zu bewegen. Eine Bronchitis, fand Doktor Neumann, sei nichts Weltbewegendes, doch sei ihr Verlauf mit Sorg-
55 falt zu beobachten. Diese Schlaffheit wollte ihm an der Göre nicht gefallen. Oder war da vielleicht noch etwas, außer der Krankheit? Nicht daß Charlotte gewußt hätte.
Die Versammlung unter freiem Himmel war ein Strafgericht. Eine Kameradin namens Gerda Link hatte die Ehre der Hitler-Jugend be-
60 schmutzt: Sie stahl einer anderen Kameradin aus deren Manteltasche in der Umkleidekabine des Sportplatzes Klosepark fünf Mark neunundreißig und leugnete den Diebstahl vor der Gruppenführerin Christel, als diese sie zur Rede stellte. Man hatte sie überführen können. Jetzt stand sie allein neben der Gruppenführerin an der Schmal-
65 seite des Karrees, dessen drei andere Seiten durch die in Reih und Glied aufgestellten drei Scharen der Jungmädchengruppe gebildet wurden.
Am Anfang sangen sie: „Nur der Freiheit gehört unser Leben." („Freiheit ist das Feuer, ist der helle Schein, solang sie noch lodert, ist
70 die Welt nicht klein.") Danach stellte sich die Scharführerin Micky mit ihrem krausen rotblonden Haar, ihrer scharfen Brille, ihrer Himmelfahrtsnase und dem geflochtenen Zopf in die Mitte und rief:
Vom Ich zum Wir. Von Heinrich Annacker.*
Einst schien das Ich der Angelpunkt der Welt,
75 und alles drehte sich um seine Leiden.
Doch mählich kam erkennendes Bescheiden
und hat den Blick aufs Ganze umgestellt.
Nun fügt das Ich zum großen Wir sich ein
und wird zum kleinen Rad an der Maschine.
80 Nicht, ob es lebe – ob es willig *diene*,
bestimmt den Wert von seinem eignen Sein!
(Diesen Text schreibst du ab, die Lieder fallen dir ein, wenn auch nicht mühelos, wenn auch manchmal nicht alle Strophen, oder gerade die Anfänge nicht mehr. Auf H. ist kaum Verlaß, in seinem Ge-
85 dächtnis sind die ungeliebten Texte verwittert bis auf wenige, meist verballhornte Zeilen, die er nie verstanden und ohne Verstand gesungen hatte, stumm sich wundernd. Lenka verträgt diese Lieder nicht, auch nicht als Beweisstücke, vertrug sie nie. Stellte sich taub, als ihr auf der Rückfahrt aus L., das heute G. heißt, die Texte zu-
90 sammensuchtet, die den Zug, den Ritt, den Marsch der Germanen, der Deutschen nach Osten verherrlichen oder forderten: „Gen Ostland geht unser Ritt." – „Siehst du im Osten das Morgenrot?" – „In den Ostwind hebt die Fahnen." Und so weiter. Lenka sagte: Die müssen ganz schöne Komplexe gehabt haben. – Dankbar vermerkt

Diese Jugend, die lernt ja nichts anderes, als deutsch denken, deutsch handeln, und wenn diese Knaben mit zehn Jahren in unsere Organisation hineinkommen und dort oft zum ersten Mal überhaupt eine frische Luft bekommen und fühlen, dann kommen sie vier Jahre später vom Jungvolk in die Hitlerjugend und dort behalten wir sie wieder 4 Jahre und dann geben wir sie erst recht nicht zurück in die Hände unserer Klassen- und Standeserzeuger, sondern dann nehmen wir sie sofort in die Partei, in die Arbeitsfront, in die SA oder in die SS, in das NSKK und so weiter. (…)
Und sie werden nicht mehr frei ihr ganzes Leben!
(Adolf Hitler, Rede in Reichenberg am 2.12.1933, Stenogramm einer Tonaufnahme des Reichsrundfunks)

* *Heinrich Annacker (1901–1971)*
− *Sohn eines Schweizer Fabrikanten*
− *trat 1922 in die NSDAP ein, später Mitglied der SA und des Reichskultursenats*
− *verfasste Natur- und Liebeslyrik, später vor allem nationalsozialistische Kampflyrik*
− *1936 Kunstpreis der NSDAP*
− *nach 1945 trotz seiner Propagandatätigkeit als politisch minderbelastet eingestuft*

Wie sind wir so geworden, wie wir sind? Das ist eigentlich eine Frage, der ich etwas näher zu kommen suche. Ich denke, daß etwas davon im Laufe des Buches aufdämmern wird. Denn ich glaube, daß so manches, was unsere Generation heute tut oder nicht tut, noch mit der Kindheit zusammenhängt. Wenn die Kindheit wirklich eine wichtige Zeit im Leben eines Menschen ist, dann sollten wir nicht so tun, als ob wir, als wir sechzehn waren, als der Faschismus zu Ende war, nun „neue" Menschen werden konnten. Und daß eine so verbrachte Kindheit ohne Folgen bleiben kann.
(Christa Wolf, 1975)

ihr ihren Takt, nicht „ihr", sondern „die" zu sagen. Und die Polen? Wie viele Lieder hatten sie, die sie aufriefen, ihre Fahnen in den Westwind zu heben?)
Doch es steht noch immer die Jungmädelgruppe Nordwest im Zanziner Wäldchen angetreten, und es wartet Gerda Link auf ihr Urteil, das von Christel, der Gruppenführerin, selbst verkündet werden wird. Als Christel nun einen Schritt vortritt und zu reden beginnt, läuft Nelly der Schweiß in Strömen den Rücken hinunter (das ist es, was Charlotte Jordan nicht einkalkulieren konnte: Schweißausbruch im Stehen, bei leichtem Wind von hinten). Christel hat farbloses Haar, trägt eine Innenrolle, hat leuchtende Augen. Im Zustand der Begeisterung bekommt sie eine hohe, klingende Stimme und zieht die Vokale pathetisch lang, doch ist ihre Redeweise durch einen Zahnregulierungsapparat behindert. Sie lispelt. Neben Christel ist Micky eine untergeordnete Gottheit. Christels Aufmerksamkeit auf sich zu ziehen ist das Höchste oder, falls es im Zorn geschieht, das Schlimmste, was einem widerfahren kann.
Aber Christel weiß ihren Zorn zu bändigen und zeigt Trauer und Enttäuschung, die viel schrecklicher sind. Sie dämpft ihre Stimme, sie erträgt den Schmerz fast nicht, den Gerda Link ihr, ihr ganz persönlich angetan hat; die Schmach, die sie auf jedes einzelne Glied ihrer Gemeinschaft gehäuft, die Schande, die sie über alle, besonders aber über ihre Führerin gebracht. Sie ist weit davon entfernt, ein Jungmädel für immer aus der Gemeinschaft ausstoßen zu wollen, was es auch getan haben mochte. Doch hält sie es für notwendig und angemessen, der Gestrauchelten für ein Vierteljahr das Zeichen ihrer Zugehörigkeit zum Jungmädelbund, das schwarze Dreiecktuch und den Lederknoten, zu entziehen.
Es tritt die Schaftführerin von Gerda Link vor, eine dralle kleine Person mit krummen Beinen, gegen die Gerda Link schön ist: Sie hat ein längliches Gesicht, bräunliche Haut, eine schmale, feine Nase und dunkles langes Haar. Die Schaftführerin nimmt der Gemaßregelten Schlips und Knoten ab, während wiederum Micky mit lauter, angestrengter Stimme über die Spielwiese ruft: Deutsch sein heißt treu sein! Bleibt noch ein Lied zu singen, das Lied der Hitler-Jugend: „Vorwärts, vorwärts, schmettern die hellen Fanfaren, vorwärts, vorwärts, Jugend kennt keine Gefahren, Deutschland, du wirst leuchtend stehn, mögen wir auch untergehn ..." (Ein paar Bemerkungen darüber, wie diese Lieder teilweise doch Recht behielten: Untergegangen sind viele, die sie sangen. „Unsre Fahne führt uns in die Ewigkeit, unsre Fahne ist mehr als der Tod.")
Nellys Empfindungen beschreiben, als sie nach Hause fuhr, mit ihrem alten klapprigen Rad, die Adolf-Hitler-Straße runter, dann die Anckerstraße hoch, eine beachtliche Steigung, die sie nahm, ohne absteigen zu müssen, schwitzend natürlich und die Kletterweste nicht zugeknöpft, tief die gegen Abend rauhere Luft einholend: Ihren Zustand schildern erübrigt sich fast. Schrecken, Verzweiflung zu sagen wäre zu stark, und daß sie Angst hat, darf sie nicht wissen wollen. Nach ihrer eigenen Überzeugung hätte sie Abscheu gegen Gerda Link fühlen müssen, nicht dieses weichliche Mitleid, und Begeisterung über die Gradlinigkeit der Führerin anstatt eben Angst. Wie öfter schon handelte es sich um die Unmöglichkeit, sich Klarheit zu verschaffen. Da kam das Fieber, sie konnte sich ins Bett legen.

○ **Bezüge herstellen:**
„Die Walser-Bubis-Kontroverse"
(→ Facetten. Sprache und Rhetorik, S. 59 ff.)

○ **Lesetipps:**
Jurek Becker: Jakob der Lügner (1968)
Louis Begley: Lügen in Zeiten des Krieges (1991)
Ruth Klüger: weiter leben (1992)

3 Gegen-Welten

„Kein Ort. Nirgends" (1979, Auszug)

1976 wird der systemkritische Liedermacher Wolf Biermann aus der DDR ausgebürgert, was zu heftigen Protesten führt. Elf bekannte Autoren, darunter Christa Wolf, erheben Einspruch – ohne Erfolg. Im Gegenteil: Die SED reagiert mit verstärkten Disziplinierungsmaßnahmen und exemplarischen Bestrafungen. Christa Wolf erklärt ihren Austritt aus dem Vorstand des Schriftstellerverbandes, dem sie seit 21 Jahren angehört. In den folgenden Jahren verlassen zahlreiche Schriftsteller die DDR.

„Kein Ort. Nirgends" kann als literarische Reaktion auf diese Ereignisse gelesen werden. Das Werk spiegelt die Krisensituation der Autorin wider, die zu dieser Zeit keine gesellschaftliche Wirkungsmöglichkeit für sich sieht und sich zunehmend geistig und politisch heimatlos fühlt. Ihre existenzielle Krise, das „reine Zurückgeworfensein auf die Literatur", bearbeitet sie jedoch nicht am Gegenwartsmaterial, sondern mit Hilfe der Lebensläufe frühromantischer Dichter (Projektionsraum Romantik).

Das Thema der Erzählung ist das fiktive Treffen der beiden literarischen Außenseiter Heinrich von Kleist und Karoline von Günderode, die unter dem Pseudonym Tian veröffentlicht, da eine Existenz als Schriftsteller zu dieser Zeit noch ein männliches Privileg ist. Die beiden entdecken bei einem Spaziergang, dass sie trotz aller Unterschiede etwas Gemeinsames haben: das Streben nach individueller und künstlerischer Selbstverwirklichung trotz der begrenzenden Regeln der bürgerlichen Welt.

Die Frau leidet, Kleist bezweifelt es nicht, aber die Frauen sind das leidende Geschlecht. Sie wird sich dreinschicken, wenn auch, das gesteht er ihr zu, schwerer als die meisten – darin der Schwester verwandt. Doch sagt er sich: Sie ist versorgt, was immer das heißen
5 mag; sie muß ihre Gedanken nicht an die trivialsten Erfordernisse des Alltags wenden. Daß sie keine Wahl hat, erscheint ihm als Gunst. Sie ist, als Frau, nicht unter das Gesetz gestellt, alles zu erreichen oder alles für nichts zu halten.
Kleist zählt sich die Staaten auf, die er kennt, es ist ihm ein Zwang
10 geworden. Daß ihre Verhältnisse seinen Bedürfnissen strikt entgegenstehn, hat er erfahren. Mit gutem Willen, angstvollem Zutraun hat er sie geprüft, widerstrebend verworfen. Die Erleichterung, als er die Hoffnung auf eine irdische Existenz, die ihm entsprechen würde, aufgab.
15 Unlebbares Leben. Kein Ort, nirgends.
Manchmal spürt er die vertrackte Drehbewegung der Erdkugel bis in sein innerstes Gehirn. Einmal wird es ihn über den Rand dieser beschränkten Kugel schleudern, er ahnt schon den Zugwind. Während die Frau hier, so unwahrscheinlich es ist, doch immer noch
20 ihren Liebhaber finden kann, ein bescheidnes Haus, in dem sie Kinder um sich versammeln und ihre Jugendgrillen vergessen mag.
Glauben Sie, Günderode, daß jeder Mensch ein unaussprechbares Geheimnis hat?
Ja, sagt die Günderode. In dieser Zeit? Ja.
25 Die Antwort hat sie bei der Hand gehabt. Sie bleiben stehn, drehn sich einander zu. Jeder sieht den Himmel hinter dem Kopf des andern. Das blasse spätnachmittagliche Blau, kleine Wolkenzüge. Sie mustern sich unverhohlen. Nackte Blicke. Preisgabe, versuchsweise. Das Lächeln, zuerst bei ihr, dann bei ihm, spöttisch. Nehmen wir es
30 als Spiel, auch wenn es Ernst ist. Du weißt es, ich weiß es auch. Komm nicht zu nah. Bleib nicht zu fern. Verbirg dich. Enthülle dich. Vergiß, was du weißt. Behalt es. Maskierungen fallen ab, Verkru-

Heinrich von Kleist (1777–1811)

● **Erkunden, erforschen:**
Lebensläufe und Zeitumstände von Kleist und Günderode erkunden; warum wählt Christa Wolf diese Schriftsteller/diese Zeit für ihre Darstellung?

Karoline von Günderode (1780–1806)

Schon oft hatte ich den unweiblichen Wunsch, mich in ein wildes Schlachtengetümmel zu stürzen, zu sterben – warum ward ich kein Mann! Ich habe keinen Sinn für weibliche Tugenden, für Weiberglückseligkeit. Nur das Wilde, Große, Glänzende gefällt mir. Es ist ein unseliges, aber unverbesserliches Missverhältnis in meiner Seele; und es wird und muss so bleiben, denn ich bin ein Weib und habe Begierden wie ein Mann, ohne Männerkraft. Darum bin ich wechselnd und uneins mit mir.
(Karoline von Günderode)

Karoline von Günderode tötet sich – erst 26-jährig – 1806 mit einem Dolch. Fünf Jahre später begeht Heinrich von Kleist Selbstmord. In einem Abschiedsbrief an seine Schwester heißt es:
„Du hast an mir getan, ich sage nicht, was in Kräften einer Schwester, sondern in Kräften eines Menschen stand, um mich zu retten: Die Wahrheit ist, dass mir auf Erden nicht zu helfen war".

Am Text erarbeiten:
„Ich bin nicht ich. Du bist nicht du. Wer ist wir?" (Z. 44) Bedeutung der Identitätsfrage und der Rolle des Ichs in der Gesellschaft in „Der geteilte Himmel" und „Kein Ort. Nirgends"

Lesetipps:
K. von Günderode: Der Schatten eines Traumes
Prosa. Briefe. Zeugnisse von Zeitgenossen
Mit einem Essay von Christa Wolf (1981)
Christa Wolf, Gerhard Wolf: Ins Ungebundene gehet eine Sehnsucht. Gesprächsraum Romantik. Prosa und Essays (1985)

stungen, Schorf, Polituren. Die blanke Haut. Unverstellte Züge. Mein Gesicht, das wäre es. Dies das deine. Bis auf den Grund verschieden. Vom Grund her einander ähnlich. Frau. Mann. Unbrauchbare Wörter. Wir, jeder gefangen in seinem Geschlecht. Die Berührung, nach der es uns so unendlich verlangt, es gibt sie nicht. Sie wurde mit uns entleibt. Wir müßten sie erfinden. In Träumen bietet sie sich uns an, entstellt, schrecklich, fratzenhaft. Die Angst im Morgengrauen, nach dem frühen Erwachen. Unkenntlich bleiben wir uns, unnahbar, nach Verkleidungen süchtig. Fremde Namen, die wir uns zulegen. Die Klage in den Hals zurückgestoßen. Trauer verbietet sich, denn wo sind die Verluste?
Ich bin nicht ich. Du bist nicht du. Wer ist wir?
(…)
Lieber Kleist, sagt sie, (…) man verbietet uns früh, unglücklich zu sein über unsre eingebildeten Leiden. Siebzehnjährig müssen wir einverstanden sein mit unserm Schicksal, das der Mann ist, und müssen für den unwahrscheinlichen Fall von Widersetzlichkeit die Strafe kennen und sie angenommen haben. Wie oft ich ein Mann sein wollte, mich sehnte nach den wirklichen Verletzungen, die ihr euch zuzieht!
(…)
Sie gehn schweigend. Die Gründerode weist den Fremden auf das Farbenspiel am westlichen Himmel hin, ein Rosarot und ein Apfelgrün, die sonst in der Natur nicht vorkommen. Es bleibt noch hell, nur die Luft wird kühler. Die Günderode zieht ihr Tuch über der Brust zusammen. Sie ist ruhig. Um diese Tageszeit wünscht sie oft, allein und für alle tot zu sein, außer für den, den sie noch nicht kennt und den sie sich erschaffen wird. Sie zerreißt sich in drei Personen, darunter einen Mann. Liebe, wenn sie unbedingt ist, kann die drei getrennten Personen zusammenschmelzen. Die Aussicht hat der Mann neben ihr nicht. Sein Werk ist der einzige Punkt, mit sich eins zu werden; er darf es um eines Menschen willen nicht aufgeben. So ist er doppelt einsam, doppelt unfrei. Es kann nicht gut gehen mit diesem Menschen, mag er nun ein Genie sein oder nur ein Unglücklicher unter vielen, wie die Zeit sie ausspeit.
Kleist geht eine Zeile durch den Kopf, die er der Günderode nicht zitieren will: An eigne Kraft glaubt doch kein Weib. – In dieser Frau, denkt er, könnte ihr Geschlecht zum Glauben an sich selber kommen. Der Austausch mit ihr, die ihn als Mann reizt, kommt einem sinnlichen Rausch nahe.
(…)
Was reden sie noch, oder denken sie?
Wir wissen zu viel. Man wird uns für rasend halten. Unser unausrottbarer Glaube, der Mensch sei bestimmt, sich zu vervollkommnen, der dem Geist aller Zeiten strikt zuwiderläuft. Ein Wahn?
Die Welt tut, was ihr am leichtesten fällt: Sie schweigt. Das Licht hat sich verändert. Alle Gegenstände, sogar die Bäume, sind spitz, grell und scharf. Fern hören sie Stimmen, sie rufen nach Kleist. Die Kutsche nach Mainz soll abfahren. Die Günderode bedeutet ihm, sich zu entfernen. Sie verabschieden sich durch eine Handbewegung.
Jetzt wird es dunkel. Auf dem Fluß der letzte Schein. Einfach weitergehn, denken sie.
Wir wissen, was kommt.

„Medea. Stimmen" (1996, Auszug)

Der Mythos als Auseinandersetzung mit aktueller Geschichte: In „Kassandra" (1983) stellt Christa Wolf an einem mythologischen Stoff die politische Situation der Achtzigerjahre, die durch die Hochrüstung und atomare Bedrohung gekennzeichnet waren, verschlüsselt dar. Am Modell des Trojanischen Krieges werden die Gründe für die drohende Selbstzerstörung der modernen Zivilisation aufgezeigt. Die Erzählung wird zu einem sensationellen Erfolg.
1996 erscheint „Medea"; ebenfalls ein Versuch, mit Hilfe der mythologischen Bilderwelt aktuelle Geschichte anschaulich zu machen und zu deuten.

Leukon*

Wie könnte ich diesen letzten Blick vergessen, den sie mir zuwarf, als sie, zwischen zwei Wachen, die sie an den Armen packten, beim Südtor aus der Stadt hinausgestoßen wurde, nachdem man sie, wie bei einem Sündenbock üblich, durch die Straßen meiner Stadt Ko-
5 rinth geführt hatte, die von einer haßschäumenden, schreienden, speienden, fäusteschüttelnden Menge gesäumt waren. Und ich, wer würde mir das glauben, ich spürte etwas wie Neid auf diese Frau, die beschmutzt, besudelt, erschöpft mit einem Stoß der Wachen und einem Fluch des Oberpriesters aus der Stadt verbannt wurde. Neid,
10 weil sie, das unschuldige Opfer, frei war von innerem Zwiespalt. Weil der Riß nicht durch sie ging, sondern zwischen ihr und jenen klaffte, die sie verleumdet, verurteilt hatten, die sie durch die Stadt trieben, beschimpften und bespuckten. So daß sie sich aus dem Schmutz, in den man sie gestoßen hatte, aufrichten konnte, ihre Ar-
15 me gegen Korinth erheben und mit ihrer letzten Stimmkraft verkünden konnte, Korinth werde untergehen. Wir, die wir am Tor standen, hörten die Drohung und gingen schweigend zurück in die totenstille Stadt, die mir leer vorkam ohne die Frau. Doch zugleich mit der Last, die mir Medeas Schicksal auferlegte, spürte ich ein Er-
20 barmen mit den Korinthern, diesen armseligen Mißgeleiteten, die ihre Angst vor der Pest und vor den bedrohlichen Himmelserscheinungen und vor dem Hunger und vor den Übergriffen des Palastes nicht anders loswerden konnten, als sie auf diese Frau abzuwälzen. Alles ist so durchsichtig, alles liegt so klar auf der Hand, es kann einen
25 verrückt machen.
Die Pest ist im Abflauen, aus den reicheren Vierteln hat sie sich schon zurückgezogen, höchstens ein oder zwei Leichenkarren sehe ich von meinem Turm aus vor Einbruch der Dunkelheit noch in Richtung auf die Totenstadt ziehen. Jedermann kann nun sehen, daß
30 wir den Willen der Götter richtig gedeutet haben, als wir die Zauberin aus der Stadt trieben. „Wir" sage ich, und erschrecke kaum. Wir Korinther. Wir Gerechten. Auch ich habe nichts getan, um sie zu retten. Ich bin ein Korinther. Besser, es zuzugeben, besser, die Trauer auszukosten und die Scham, die mich Nacht für Nacht auf diesen
35 Turm treibt. (...)
Warum kann ich nicht sein wie Oistros*. Oistros arbeitet wie ein Besessener in seiner Arbeitshöhle, in der er sich verbarrikadiert hat, in die er niemanden hineinläßt. Er vernachlässigt sich, wäscht sich nicht, läßt seinen Bart und sein rotes Haar wuchern, ißt kaum,
40 trinkt Wasser aus dem großen Krug, der bei Arethusa* stand, und

* Leukon: Korinther, Zweiter Astronom des Königs Kreon

Die Geschichte von Medea gehört zur Argonautensage. Medea, die Tochter des Königs von Kolchis, verliebt sich in den Griechen Jason, den Führer der Argonauten. Nachdem sie ihm mit ihren Zauberkünsten geholfen hat, in den Besitz des von ihrem Vater gehüteten Goldenen Vlieses zu gelangen, folgt sie Jason nach Korinth. Nach einigen Jahren verstößt Jason sie, um die Tochter des Königs Kreon zu heiraten. Medea nimmt grausame Rache, indem sie die gemeinsamen Kinder und die Rivalin tötet.
Den Kindermord, der richtungsweisend für alle späteren Interpretationen des Themas wurde, führte allerdings erst Euripides in seiner Verarbeitung des Stoffes (431 v. Chr.) ein.
Christa Wolf erzählt die Geschichte – nur teilweise Quellen von Euripides folgend – neu und entwirft dabei ein anderes Bild von Medea.
Sechs Stimmen – Medea, Jason sowie einige ihrer Gegner und Freunde – berichten in Monologen, wie die unschuldige Medea in Korinth zum Sündenbock gemacht wird, weil sie eine Gefahr für die Herrschenden darstellt.

* Oistros: Medeas Geliebter

* Arethusa: Medeas Freundin

schlägt mit einer Wut, die mir angst macht, auf einen großen ungefügen Steinblock ein. Er spricht nicht, stiert mich aus seinen vom Steinstaub und Schlaflosigkeit entzündeten Augen an, ich weiß nicht, erkennt er mich überhaupt. Er hat sich zur Unkenntlichkeit verändert. Wenn er auf die Straße ginge, würden die Kinder schreiend vor ihm davonlaufen. Ich weiß nicht, was er aus seinem Stein herausholen will, das letzte Mal glaubte ich Andeutungen von Figuren in heftiger Umschlingung zu erkennen, Gließmaßen in einer Art hoffnungslosem Kampf jeder gegen jeden, oder im Todeskampf. Man kann nicht fragen. Er arbeitet sich zu Tode. Das will er.

Oistros hat jedes Maß verloren, wie auch Medea jedes Maß verloren hatte. Maßlos ist sie am Ende gewesen, so, wie die Korinther sie brauchten, eine Furie. Wie sie, die bleichen verängstigten Knaben an der Hand, in den Tempel der Hera eindrang, die Priesterin beiseite schob, die ihr in den Weg trat; wie sie die Kinder zum Altar führte und zur Göttin aufschrie, was einer Drohung mehr ähnelte als einem Gebet: Sie solle diese Kinder schützen, da sie, die Mutter, es nicht mehr könne. Wie sie die Priesterinnen verpflichtete, sich der Kinder anzunehmen, was die aus Furcht und Mitleid versprachen. Wie sie dann mit den Kindern redete, versuchte, ihnen die Angst zu nehmen, sie umarmte und, ohne sich noch einmal umzusehen, den Tempel verließ, um sich sofort den wartenden Wachen auszuliefern. Wie sie die ganze Zeit, als man sie als Sündenbock durch die Stadt führte, einen schrecklichen Gesang ausstieß, der die Menschen am Straßenrand aufstachelte, ihn zu ersticken. Sie muß es darauf angelegt haben, getötet zu werden, aber die Wachen hatten den Befehl, sie lebend aus der Stadt zu bringen. Später, nachdem das Entsetzliche geschehen war, haben sie Kommandos losgeschickt, Medea aufzufinden, sie haben nach Lyssa* gesucht, die auch verschwunden war, sie haben die wenigen überlebenden Kolcher hochnotpeinlich verhört, um den Aufenthaltsort der beiden aus ihnen herauszuprügeln. Die waren und bleiben wie vom Erdboden verschluckt, obwohl man jenseits der Stadtmauern tagelang gehen muß, ehe man einen Unterschlupf findet. Nun fahndet man nach Helfershelfern der beiden, die sie womöglich zu Pferde weggebracht haben könnten, nur um überhaupt etwas zu tun und um das Eingeständnis herumzukommen, daß man ohnmächtig ist und sich nicht rächen kann für den Tod der Tochter des Königs. Und weil man die Legenden im Keim ersticken will, die im abergläubischen Volk entstehen: daß die Göttin selbst, Artemis, die Flüchtenden in ihrem Schlangenwagen der Erde enthoben und sie in sichere Gefilde entführt habe.

Eugène Delacroix, Medea tötet ihre Kinder (1862)

* Lyssa: Freundin Medeas, Amme ihrer Kinder

Die arme Glauke*. Es war der Tag von Medeas Austreibung. Ich hockte wie betäubt in einem Gang des Palastes. Auf das Geschrei der Frauen, das aus dem Palasthof drang, achtete ich nicht, Verachtung für alles, was mit diesem Königshaus zu tun hatte, war in mir. Aufmerksam wurde ich erst, als ich Merope, die alte Königin, auf ihre Dienerinnen gestützt sich über den Palasthof schleppen sah, auf den Brunnen zu, um den der Pulk der schreienden Weiber sich zusammengezogen hatte. Dann sah ich den Pulk sich zerteilen, sah drei Knechte an Stricken eine seltsame Last aus dem Brunnen ziehen, ganz in Weiß, Glauke.

Man legte die leblose Gestalt der Königin vor die Füße, ich sah sie niederknien und sich den Kopf der Tochter in den Schoß legen. So verharrte sie, lange, und nach und nach breitete sich eine Stille aus, wie ich sie dort noch nie gehört hatte. Mir war, als berge dieses Schweigen etwas wie Trauer und Gerechtigkeit in sich für alle Opfer, die die verblendeten Menschen auf ihrem Irrgang hinter sich lassen. In dieser Stille sah ich Jason über den Hof wanken, als habe man ihm einen Schlag vor den Kopf gegeben. Niemand blickte sich nach ihm um. Jetzt soll er Tag und Nacht unter dem halb verfaulten Rumpf seines Schiffes liegen, das sie dicht am Ufer aufgebockt hatten, und Telamon, sein alter Gefährte, soll ihn recht und schlecht mit Speise und Trank versorgen. Manchmal, in der Tiefe der Nacht, denke ich, daß auch er nicht schlafen kann, daß auch seine Augen den Himmel absuchen und seine und meine Blicke sich zufällig treffen könnten am Sternbild des Orion, der diesen Monat den Zenit beherrscht. Gegen Jason kann ich keinen Groll empfinden. Er ist zu schwach gewesen für einen Gegner wie Akamas*.

Der beherrscht jetzt das Feld. Er war es, der die Verlautbarung über den Tod der Glauke herausgab, an die sich jedermann halten muß, sonst ist er des Todes: Medea habe Glauke ein vergiftetes Kleid geschickt, ein grausiges Abschiedsgeschenk, das ihr, der armen Glauke, als sie es überzog, die Haut verbrannt habe, so daß sie sich, besinnungslos vor Schmerz, Kühlung suchend in den Brunnen gestürzt habe.

Nun ist ja dieser Palast ein Ort mit hundert Ohren und hundert Mündern, und alle flüstern etwas anderes. Der Mund der in ein tiefes Verlies gesperrten und sorgsam bewachten Magd der armen Glauke flüstert: Dieses weiße Kleid, das Medea beim Artemis-Fest getragen habe, habe sie der Glauke kurz vor der Gerichtsverhandlung als Geschenk übergeben und ihr gesagt, dies solle ihr Hochzeitskleid sein, und sie wünsche ihr Glück, und Glauke habe sich unter Tränen für dieses Geschenk bedankt. Dann aber, als Glauke aus dem Gerichtssaal kam, nachdem das Urteil über Medea verkündet war und deren Austreibung immer näher rückte, sei sie zusehends unruhiger geworden. Sie sei durch den Palast geirrt und mußte mehrmals in entlegenen Winkeln, in die sie sich verkrochen hatte, aufgestöbert und zurückgebracht werden. Den Jason habe sie um keinen Preis sehen wollen, und vor Kreon sei sie mit Anzeichen von Entsetzen zurückgewichen. Sie habe nur noch mit sich selbst gesprochen, in einer hastigen unverständlichen Manier. Ganz fahrig sei sie gewesen, man habe nicht wissen können, was sie noch wahrnahm. Das Essen habe sie verweigert, als ekle sie sich davor. Niemand habe ihr von den Vorgängen außerhalb des Palastes erzählt, das war streng verboten, aber sie habe eine Witterung dafür gehabt, und an

*Glauke: Tochter des Königs Kreon
Anders als in der antiken Version sieht Medea in Christa Wolfs Erzählung Glauke nicht als Feindin oder Konkurrentin. Im Gegenteil: Sie hilft der an epileptischen Anfällen Leidenden die Gründe für ihre Krankheit zu erkennen.

*Akamas = Korinther, Erster Astronom Kreons, Gegner Medeas

Euripides
Medea (Auszug)

JASON: Du Gräuel, in innerster Seele verhaßt
Den Göttern und mir und dem Menschgeschlecht,
Hast die Hand an die eigenen Kinder gelegt,
Nahmst die Knaben und nahmst mir das Leben hinweg
Und schaust nach der Ekel erregenden Tat
Noch die Erde an und das Sonnenlicht.
Sei verflucht! Nun weiß ich, und weiß es zu spät,
Welches Scheusal ich einst vom barbarischen Land
Nach Hellas brachte, Verräterin
Am eigenen Vater und Vaterland.
Solchen Teufel hat mir die Hölle gesandt:
Erst schlugst du am Herd noch den Bruder tot,
Dann stiegst du zu mir in das Griechenschiff.
So begannst du. Dann wurdest du mir vermählt,
Gebarst mir Kinder und brachtest sie um,
Nur aus Bettneid. Das hätte kein griechisches Weib
Je gewagt! Und dich habe ich vor allen gewählt,
Ein Weib des Zanks und des Meuchelmords,
Ja kein Weib: eine Löwin und wilderes Tier
Als Skylla, des Westmeers Verwüsterin.
Doch auch tausend Flüche erschüttern nicht
Deine freche Seele; so fahre dahin,
Kindermörderin, Hure, verrufenes Weib!
Mir bleibt nur die Klage um finsteren Stern,
Um verlorenes Glück meines neuen Betts,
Um die Saat, die ich zeugte und glücklich erzog,
Die mein Mund nicht mehr grüßt, die ich ewig verlor.

MEDEA: Vieles könnt ich erwidern, doch richtet Zeus,
Er weiß, was du nahmst, und weiß, was du gabst.
Ihr durftet, nachdem du mein Bett entehrt,
Nicht lachend ins Land aller Freuden ziehn,
Noch sollte der König, der Stifter des Bunds,
Mich ungestraft stoßen aus seinem Land.
Nenne ruhig mich Löwin und Skylla, ich traf
Dich nach deinem Verdienst in dein innerstes Herz.

Artemis Ephesia, Marmor, Höhe 70 cm

Berlin, 11. November 1991
Ein Triumph – auf dem Gebiet, auf dem mir Triumphe noch etwas bedeuten: In Wolfsburg hat ein Museumsdirektor mich an eine Medea-Spezialistin in Basel vermittelt – durch die habe ich nun erfahren, was ich vermutet habe: Medea hat in den ältesten Überlieferungen ihre Kinder nicht umgebracht, dies hat erst Euripides ihr erfunden; sie hat die Kinder in den Tempel der Hera gebracht, dort wurden sie dann von den Korinthern getötet.
(Christa Wolf)

● **Selbst gestalten:**
Eine andere Stimme (Medea, Jason, ein Korinther) den Vorgang erzählen lassen

dem Tag, als man Medea verstieß, sei sie händeringend und weinend
150 in ihrem Zimmer auf und ab gelaufen, habe sich schließlich das weiße Hochzeitskleid bringen lassen und es gegen den Einspruch der Magd übergezogen. Dann sei sie auf einmal ganz ruhig geworden, als wisse sie nun, was zu tun sei, und habe der Magd in vernünftigen Worten gesagt, sie wolle im Palasthof etwas Luft schöpfen, worüber
155 alle, die zu ihrer Bewachung abgestellt waren, nur froh sein konnten. Sie ging also auf den Hof, hinter ihr die Magd und einige Wachen, die führte sie listig in immer enger werdenden Kreisen bis in die Nähe des Brunnens. Zwei schnelle Schritte, und sie stand auf seinem Rand. Dann einen weiteren Schritt ins Leere hinein, in die Tie-
160 fe. Sie soll keinen Laut von sich gegeben haben.
(...)
Mich schützt, daß ich die Menschen (...) bis auf den Grund durchschaue und eben deshalb, so merkwürdig es klingen mag, ungefährlich bin. Da ich nicht glaube, daß ich oder irgend jemand sich än-
165 dern kann, werde ich in das mörderischen Getriebe, das sie in Gang halten, nicht eingreifen. Nein, ich sitze hier und trinke den Wein, den ich mit Medea getrunken habe, und verschütte von jedem Glas ein paar Tropfen zum Gedenken an die Toten. Mir genügt es, den Sternen auf ihren berechenbaren Bahnen zuzusehen und zu warten,
170 daß die Umklammerung des Schmerzes sich allmählich lockert. So kommt der Morgen, die Stadt erwacht mit immer den gleichen Regungen, mit immer den gleichen Lauten, so wird es bleiben, mag geschehen, was will. Die Menschen in ihren engen Häusern werden zum Alltag zurückkehren, in der Nacht haben manche ein Kind ge-
175 zeugt, das soll so sein, dazu sind sie da.
Aber da ist doch etwas anders als sonst. Eine Menschenmenge kommt aus Richtung der Tempelstadt. Ich trete an die Brüstung. Da versammeln sie sich schon auf dem Platz, eine Menge in Siegesstimmung. Was haben die denn zu feiern. Ein Summen geht von ihnen
180 aus, wie ich es von einem angreifenden Bienenschwarm kenne. Meine Hände werden feucht, etwas treibt mich hinunter zu diesen Leuten. Die Unruhe ist noch in ihnen, sie können nicht auseinandergehen, sie bleiben zusammen und rühmen sich dessen, was sie getan haben. Die Menge wogt hin und her, ich laufe von einer Gruppe zur
185 anderen, ich will hören, wovon sie reden, doch ich wage nicht, sie zu verstehen. Es mußte sein, höre ich sie immer wieder beteuern. Seit langem schon sei es ihnen klar gewesen, daß sie dies nicht länger hätten dulden können. Da niemand es tun wollte, hätten eben sie es tun müssen.
190 Durch den Schleier, der sich über meine Augen legt, sehe ich den neuen Vertrauten des Akamas herankommen, einen verschlagenen rohen Burschen, durch das Dröhnen des Herzschlags in meinen Ohren höre ich ihn fragen, was los sei, doch so, als wisse er die Antwort. Die Menge verstummt, dann rufen mehrere: Wir haben es ge-
195 tan. Sie sind hin. Wer, fragt der Bursche. Die Kinder! ist die Antwort. Ihre verfluchten Kinder. Wir haben Korinth von dieser Seuche befreit. Und wie? fragt der Bursche mit Verschwörermiene. Gesteinigt! brüllen viele. Wie sie es verdienten.
Die Sonne geht auf. Wie die Türme meiner Stadt im Morgenglanz
200 schimmern.

Warum Medea?
(Christa Wolf im Gespräch mit Petra Kamman am 25.1.1996)

In ihren Romanen und Erzählungen spielen Frauengestalten die wichtigste Rolle (...). Warum?

(...) Immer dann werden Sie bei mir eine Frau im Zentrum eines Prosatextes finden, wenn die Konflikte, die ich bearbeite, sich an Frauen am schärfsten zeigen.

Wäre es nicht eigentlich einsichtiger, wenn eine zeitgenössische Frau im Zentrum stünde wie in einigen Ihrer Geschichten? „Kassandra" allerdings schrieben Sie schon 1982. Wie kamen Sie damals darauf, die „Schwarzseherin" zur Heldin zu machen? Und warum haben Sie mit Medea wieder eine andere Gestalt gewählt?

Kassandra und Medea sind ja eigentlich keine Figuren aus der Antike, sondern aus der Vorgeschichte, aus der Mythologie. Manchmal kann man an solchen scheinbar weit zurückliegenden Figuren die zeitgenössischen Probleme besonders deutlich herausfiltern. (...) Da wird erkennbar, daß das Grundverhalten der Menschen in ähnlichen Situationen schon dem unseren ähnlich oder gleich war. Insofern kann ich diese frühen Gesellschaften als Modell verwenden. (...)
Ich war selbst überrascht, daß sich mir noch einmal ein mythologischer Stoff aufdrängte, aber so verwunderlich ist es doch nicht. Ich begann 1990/91, mich mit der Medea-Figur auseinanderzusetzen. Es zeigte sich mir in jenen Jahren, daß unsere Kultur, wenn sie in Krisen gerät, immer wieder in die gleichen Verhaltensmuster zurückfällt: Menschen auszugrenzen, sie zu Sündenböcken zu machen, Feindbilder zu züchten, bis hin zu wahnhafter Realitätsverkennung. Dies ist für mich unser gefährlichster Zug. In der DDR hatte ich ja gesehen, wohin ein Staat gerät, der immer größere Gruppen ausgrenzte, der seine Integrationsfähigkeit immer mehr verlor. Jetzt erleben wir in der größer gewordenen Bundesrepublik Deutschland, wie immer größere Gruppen von Menschen überflüssig werden, aus sozialen, aus ethischen und anderen Gründen. Angefangen hatte es mit bestimmten Gruppen aus der DDR-Bevölkerung, gegen die man im Vereinigungsprozeß im Westen eine Abwehrhaltung entwickelte. Diese Ausgrenzung des Fremden zieht sich durch die ganze Geschichte unserer Kultur. Immer schon vorhanden ist die Ausgrenzung des angstmachenden weiblichen Elements. Das zieht sich vom Beginn des Patriarchats durch die Geschichte.

Medea ist bei Ihnen insgesamt eine sehr positive Identifikationsfigur, während sie nach der Vorlage die Kindsmörderin ist.

Die Kindsmörderin wird Medea erst bei Euripides, im 5. Jahrhundert v. Chr., davor gibt es schon eine vielhundertjährige Geschichte von Quellen, in denen Medea nicht die Kindsmörderin, sondern zuallererst die Göttin, dann die Priesterin, Heilerin, die „guten Rat Wissende" ist – das bedeutet nämlich ihr Name. Wir sollten uns fragen, warum wir sie als böse, wilde, mörderische Frau, als „Hexe" brauchten, die man verfolgen und ausgrenzen muß. Das ist es doch, was wir alle von ihr wissen. Sie gehört zu jenen Gestalten, an denen die Überlieferung je nach Bedarf viel gearbeitet, viel verändert und umgedeutet hat.

Sollte man nicht einmal versuchen, was herauskäme, setzte man in die großen Muster der Weltliteratur Frauen an die Stelle der Männer? Archill, Herakles, Odysseus, Ödipus, Agamemnon, Jesus, König Lear, Faust, Julien Sorel, Wilhelm Meister.
Frauen als Handelnde, Gewalttätige, Erkennende? Sie fallen durch den Raster der Literatur. Dies heißt „Realismus". Die ganze bisherige Existenz der Frau war unrealistisch.
(Christa Wolf, 1983)

Untersuchen:
Eignung des Medea-Stoffes für die Gestaltung von Gegenwartsproblemen

Diskutieren, erörtern:
Die weibliche Perspektive beim Lesen und Schreiben

Lesetipps:
Christa Wolf: Kassandra
Marie Luise Kaschnitz: Griechische Mythen

4 Die Christa-Wolf-Debatte

Kontroverse Standpunkte

Nach dem Ende der DDR publiziert Christa Wolf im Sommer 1990 die Erzählung „Was bleibt". Darin wird der Tagesablauf einer Schriftstellerin geschildert, die der Bespitzelung durch die Staatssicherheit ausgesetzt ist. Der Text löst eine heftige Debatte aus. Christa Wolf wird vorgeworfen, sich zu einem Opfer der Stasi stilisieren zu wollen, obwohl sie doch in Wirklichkeit als „Staatsdichterin" das SED-Regime unterstützt habe. Nicht nur ihr Werk, sondern auch ihre politische Glaubwürdigkeit werden nun in Zweifel gezogen.

Die Debatte mündet in einen Literaturstreit, der sich immer mehr von der Person Christa Wolf löst und schließlich zu der Frage nach der politischen Rolle des Schriftstellers und des Intellektuellen in der Gesellschaft führt.

DIE ZEIT

Ulrich Greiner
Mangel an Feingefühl

Das ist ja ein Ding: Die Staatsdienerin der DDR soll vom Staatssicherheitsdienst der DDR überwacht worden sein? Christa Wolf, die Nationalpreisträgerin,
5 die prominenteste Autorin ihres Landes, SED-Mitglied bis zum letzten Augenblick, ein Opfer der Stasi? Sie berichtet es uns in ihrer neuen Erzählung. „Ende der siebziger Jahre", so teilt der Verlag
10 uns mit, sei sie „wochenlang" überwacht worden. Aufgeschrieben habe sie den Text 1979, überarbeitet „im Herbst 1989". Wann genau? In diesem Herbst ist viel passiert, da kommt es auf das
15 Datum an. Christa Wolf ist ein bisschen genauer. Am Ende der Erzählung steht: Juni bis Juli 1979/November 1989. Nun gut. Was will die Dichterin uns damit sagen? Will sie sagen: Die Stasi war so blö-
20 de, dass sie sogar eine Staatsdichterin bespitzelt hat? Oder will sie sagen: Seht her, ihr armen, von der Stasi um Ansehen und Zukunft gebrachten Mitbürger und ehemaligen Genossen, auch ich wur-
25 de überwacht, auch ich war ein Opfer, ich bin keine Staatsdichterin, ich bin eine von euch? (...)
Christa Wolf erzählt uns, wie sie am Bahnhof Friedrichstraße vorbeigeht, „in
30 dem die Umwandlung von Bürgern verschiedener Staaten, auch meines Staates, in Transitäre, Touristen, Aus- und Einreisende vollzogen wurde". Sie sagt uns, sie habe „den Argwohn" gegen diese
35 „Objekte" lernen müssen (und meint offenbar die Amtsgebäude staatlicher Kontrolle), sie habe begriffen (und nun bitte genau hinhören), „daß sie alle dem Herrn gehörten, der unangefochten mei-
40 ne Stadt beherrschte: der rücksichtslose Augenblicksvorteil".
Ist das nicht schön gesagt? Ja, es ist dieser angenehme Christa-Wolf-Sound, diese flaue Unverbindlichkeits-Melodie in
45 der apart formulierten Sprache, es ist diese für Christa Wolf typische Unschärfe-Relation zwischen der wirklichen Welt, die als ferne Ahnung herüberschimmert, und der poetischen Welt ihrer Tex-
50 te. Aus dieser Unschärfe-Relation hat sie schon immer ästhetischen Mehrwert geschlagen, nur war der Mehrwert noch nie so gering und so schäbig erkauft wie in diesem Text. Erkauft durch vorgebliches
55 Nichtwissen, durch sträflich naives Erstaunstsein. Denn hat nicht, so weit müsste Christa Wolf doch ihren Brecht kennen, das Verbrechen Namen und Anschrift? Der „Herr", der ihre Stadt be-
60 herrscht, hat einprägsame Namen: Vopo, Stasi, SED. Sie weiß es, und sie schreibt „der rücksichtslose Augenblicksvorteil".

Und was heißt „Umwandlung von Bürgern"? Sollen wir auch diese Wendung als Mittel ironischer Distanzierung betrachten? Eine miese Ironie, die von „Umwandlung" spricht, wo es die Wahl gab zwischen Ausbürgerung und Ausreiseverbot. (...)
Es ist die altbekannte machtgeschützte Innerlichkeit, die sich literarische Fluchtburgen baut. Das erklärt zugleich den ungeheuren Erfolg Christa Wolfs: Sie ist die Malerin des Idylls. (...)
Ein trauriger Fall. Ein kleines Kapitel aus der langen Geschichte „Deutsche Dichter und die Macht". Mut zu haben ist schön, aber niemand darf verurteilt werden, ihn haben zu müssen. Dass Christa Wolf diesen Text in der Schublade behielt, ist ihr gutes Recht. Dass sie ihn jetzt veröffentlicht, verrät einen Mangel nicht an Mut, denn Gefahren drohen keine mehr, sondern an Aufrichtigkeit gegen sich selbst und die eigene Geschichte, einen Mangel an Feingefühl gegenüber jenen, deren Leben der SED-Staat zerstört hat.
(1. Juni 1990)

DIE ZEIT

Volker Hage
Kunstvolle Prosa

Ihr ist nichts vorzuwerfen. Sie hat nie ein Amt bekleidet, sie hat sich nie danach gedrängt, in einem Verband den Vorsitz zu führen, sie hat sich nicht einmal um die Rolle beworben, die Grand Lady der Literatur zu werden. Sie ist berühmt geworden, weltberühmt. Durch öffentliche Auftritte? Durch politische Parolen? Durch üble Nachrede? Nein, nur durch eines: durch ihre Arbeit, durch die Literatur.
Christa Wolf wurde zur wichtigsten Schriftstellerin der DDR und so – nolens volens – zu einer moralischen Instanz. Wo sie las, waren die Säle voll, wenn sie auf Fragen antwortete, lauschte das Publikum begierig, wenn die Menschen nicht weiterwussten, schrieben sie ihr Briefe. Sie hatte keine Antworten zu bieten. Aber sie ließ Fragen offen. Und sie selbst öffnete sich immer mehr dem Fragen, auch und gerade in ihrer Literatur. Die „richtigen Fragen", heißt es in dem neuen (alten) Prosatext „Was bleibt", erkenne man daran, „daß sie einem außer Schmerz auch eine gewisse Befriedigung bereiteten". (...)
Der Verlauf weniger Stunden, eines einzigen Tages wird geschildert – und das sich in diesem Zeitraum bewegende und verändernde Ich mit seinen flüchtigen Gedanken, raschen Gesprächen, Erinnerungen und Assoziationen: ein Ich, das sich nur mühsam seine Identität buchstabiert. (...)
So weit die Prosa. Nun werden manche fragen, war sie, die Autorin, denn hilflos? Und warum erscheint das Buch erst jetzt? Wird es dadurch nicht entwertet, verliert es nicht an Brisanz? (...)
Was also wirft man Christa Wolf vor? Dass sie trotz aller Erfahrung (selbst der Bespitzelung) noch zu den gläubigen Sozialisten zählt, ihre zweiflerische, unentschiedene, widersprüchliche Haltung, das Ängstliche und Tastende? Das eben ist zugleich der Boden, auf dem ihre Literatur entstanden ist.
(1. Juni 1990)

Erkunden:
Inhalt der Erzählung „Was bleibt"

Vergleichen, Stellung beziehen:
Aussagen der beiden Autoren

Die Akte Margarete

Drei Jahre später (1993) erfährt die Öffentlichkeit, dass Christa Wolf von 1959–1962 von der Stasi als inoffizielle Mitarbeiterin (IM) geführt wurde, zu einer Zeit also, als sie noch überzeugte Anhängerin des DDR-Staates war. Obwohl der IM-Vorgang eine relativ kurze Phase umfasste und keine denunziatorischen Aussagen über andere Menschen enthält und obwohl ebenfalls bekannt ist, dass Christa Wolf von 1968 bis zum Ende der DDR überwacht und als „feindliches Element" betrachtet wurde (es existieren 42 so genannte Opferakten über diese Observation), ist die Reaktion der Medien zum großen Teil unsachlich und undifferenziert. Sie gipfelt in der Anklage, die Autorin habe sich zum „Aufbauhelfer eines Verfolgungssystems gemacht" (Fritz J. Raddatz).

Aus einem Interview mit Christa Wolf

WOCHENPOST: *Die IM-Akte, von der Sie, Christa Wolf, vorige Woche berichtet haben, stammt aus einer Zeit, in der Sie den „Geteilten Himmel" noch nicht geschrieben hatten.*
5 *Es gab die Mauer noch nicht.*

CHRISTA WOLF: Aber es gab ideologischen Dogmatismus und Verbohrtheit, von denen ich keineswegs frei war. Die Akte, auf die Sie sich beziehen, wurde im März 1959 eröffnet
10 und im Oktober 1962 geschlossen. Bis zum Mai vorigen Jahres, als ich meine Stasi-Akten einsehen konnte, wußte ich nichts von ihrer Existenz. Mein Mann und ich fanden bei der Gauck-Behörde* zweiundvierzig Akten vor,
15 die, nur für die Zeit von 1968 bis 1980, für uns als „Operativer Vorgang Doppelzüngler" angelegt waren. Im Vorlauf zu diesem Operativen Vorgang fand ich einen sogenannten Auskunftsbericht, aus dem zu mei-
20 nem Erschrecken hervorging, daß es einen IM-Vorgang über mich gegeben haben mußte. Diese eigentliche IM-Akte durfte ich aber nach den Regeln der Gauck-Behörde nicht sehen. Teile von ihr habe ich (...) in der Hand
25 gehabt und durchgeblättert. Ich besitze bis heute keine Kopie, aber Zeitungsredaktionen haben sie und zitieren. Ich kenne bisher nur zusammenfassende Berichte über jenen Vorgang, die in die sogenannte Opferakte – ein
30 Wort, das ich nie akzeptieren würde – eingegangen ist.

WOCHENPOST: *Was stört sie an dem Wort?*

CHRISTA WOLF: Ich akzeptiere es jedenfalls nicht für mich, weil ich nicht finde, daß ich
35 ein Opfer bin. Ich habe mich zu aktiv gefühlt. Ich sah mich in der Rolle derer, die schreibt, die etwas tut, die sich auf unterschiedliche Weise mit den Widersprüchen ihrer Gesellschaft auseinandersetzt, sich be-
40 hauptet. Ich wurde bedrängt, observiert, aber nicht verfolgt. Ich bin kein Opfer.

WOCHENPOST: *Ich versuche mich in ihre Lage zu versetzen. Man erfährt etwas über die eigene Vergangenheit, das einen völlig über-*
45 *rascht.*

CHRISTA WOLF: Ich war mir sicher, daß es über mich keinen Hinweis auf irgendeine Verbindung mit der Stasi geben könnte.

WOCHENPOST: *Wer kann sich da heute so si-*
50 *cher sein.*

CHRISTA WOLF: Für die Zeit nach 1962 konnte ich es. Als das Stasi-Syndrom sich gerade in der Kulturszene immer mehr ausbreitete, als es anfing, viele Gespräche zu
55 beherrschen, übrigens oft in burschikosscherzhafter Form (eine Art Angstabwehr), haben mein Mann und ich uns auf eine Strategie festgelegt: Niemand von dieser Behörde kommt, unter welchem Vorwand oder
60 welcher Drohung auch immer, über unsere Schwelle. Versuche, aus einem von uns Informationen zu ziehen, wollten wir unterbinden, indem wir uns bei dem höchsten für Kultur zuständigen Stasi-Offizier in der Nor-
65 mannenstraße darüber beschweren würden. Genau diese Taktik haben wir übrigens zweien unserer Kollegen geraten, die unter Druck gesetzt waren, und sie hatten damit Erfolg. Ich will sagen: Aus meinem eindeuti-
70 gen Abwehr-Verhalten dieser Behörde gegenüber war ich nicht auf den IM-Vorgang gefaßt. Natürlich begann ich nun, in meiner Erinnerung zu forschen und fand trotz aller Bemühung nur das Bild von zwei Herren,
75 die mich aufsuchten, und mit denen ich mich mehrmals traf; ich erinnerte mich an ein Gefühl von Bedrohung, obwohl diese Herren freundlich waren. Nicht erinnere ich

* Joachim Gauck: 1990–2000 Bundesbeauftragter für die Unterlagen des Staatssicherheitsdienstes der ehemaligen DDR

Erkunden, auswerten: Zusätzliche Materialien zur Christa Wolf-Debatte

mich daran, daß ich einen Decknamen hatte, nicht daran, daß ich einen handschriftlichen Bericht abgefaßt habe, und ich wußte auch nichts mehr über den Inhalt unserer Gespräche. Ein klassischer Vorgang von Verdrängung, der mir zu denken gibt. (...)

WOCHENPOST: *Ihre Verbindung zur Stasi liegt dreiunddreißig Jahre zurück, zum anderen haben Sie Dinge gesagt, mit denen kein Geheimdienst der Welt etwas hätte anfangen können. Warum ist es eigentlich so schwer, über einen solchen Vorgang freiwillig, von sich aus zu sprechen?*

CHRISTA WOLF: Die Schamschwelle ist sehr hoch, man möchte sich den Schritt über diese Schwelle gern ersparen. Ich mußte, um mir mein Verhalten erklären zu können, mich noch einmal jener Person aussetzen, die ich damals war: ideologiegläubig, eine brave Genossin, von der eigenen Vergangenheit her mit einem tiefen Minderwertigkeitsgefühl behaftet gegenüber denen, die durch *ihre* Vergangenheit legitimiert, im historischen Recht zu sein schienen. Diese Besinnung war anstrengend, da ich zu der jungen Frau von damals kaum noch eine Brücke in mir fand, aber ihre in dieser Akte auf mich gekommene Hinterlassenschaft annehmen mußte. Eben diese Person ist es, auf die mich der „Spiegel" festnageln möchte. Ich habe eine Zeit gebraucht, um mich aus dem Bannkreis dieser Episode in meinem Leben wieder herauszufinden und mir darüber klar zu werden, welchen geringen Stellenwert sie in Wirklichkeit, gemessen an den dreißig folgenden Jahren, hat. (...)

WOCHENPOST: *In der DDR wurden Sie von vielen Leuten als moralische Instanz angesehen. Hat Sie das belastet?*

CHRISTA WOLF: Es hat mich unglaublich belastet. Manchmal habe ich gedacht, wenn eine gute Fee vorbeikäme, und ich hätte drei Wünsche frei – oder nur einen! – dann hätte ich gewünscht, noch einmal unbekannt sein zu dürfen. Die Ansprüche an mich kamen so massiv, daß ich in einem ständigen Schuldgefühl lebte, weil ich nicht allen gerecht werden konnte. Andererseits war mir bewußt, daß die Bedingungen, unter denen viele DDR-Bürger lebten, das Bedürfnis nach Anteilnahme wecken mußten.

WOCHENPOST: *Sind Sie den Anspruch, moralische Autorität zu sein, nun losgeworden?*

CHRISTA WOLF: Sicherlich. Diese IM-Geschichte bedrückt mich sehr, und ich bin mir bewußt, daß meine Auseinandersetzung damit erst begonnen hat. Natürlich ist mir die Enttäuschung, die Menschen jetzt empfinden werden, nicht gleichgültig. Andererseits sage ich mir: Jetzt wissen die Leute auch meine Schwächen, die Punkte, wo ich verführbar war und meine Integrität nicht wahren konnte. Wenn Sie sich damit auseinandersetzen wollen, kann vielleicht eine andere Art von menschlicher Beziehung entstehen, von gleich zu gleich, wo niemand sich unterlegen fühlen muß. Die Lust zur Demontage einer Figur, die man vorher selbst aufgebaut hat, rührt ja oft gerade aus Neid und Mißgunst, die aus einem Unterlegenheitsgefühl entstehen. *(28.1.1993)*

Verdrängung ist ein wichtiger, vielleicht der wichtigste psychische „Mechanismus"; d. h. sie geht automatisch vor sich, ohne dass man etwas von dem Vorgang bewusst wahrnimmt. Will man während einer Analyse Verdrängungen rückgängig machen, sind „Widerstände" zu überwinden. Darum ist eine so lange „Arbeit" dazu nötig. (...) Gewöhnlich gibt es „Deckerinnerungen", d. h. deutliches „Wissen", die an die Stelle des Verdrängten rücken. In Ihrem Fall dürfte die Erinnerung an den Besuch der „zwei freundlichen Herren" und „das Gefühl der Bedrohung" als Deckerinnerung gedient haben.
(Paul Parin, Erzähler und Psychotherapeut, in einem Brief an Christa Wolf)

„Ich hatte nichts zu bekennen außer der Tatsache, daß ich die Rolle der Stasi vor mehr als 30 Jahren nicht in der Schärfe sah wie später (...). Ich mußte fürchten, auf diese zwei Buchstaben reduziert zu werden. Ich stand noch unter dem Eindruck der Kampagne gegen mich und fühlte mich neuen Angriffen nicht gewachsen. Ich war und bin darüber bedrückt, daß durch die Jagd nach ‚IM' eine Auseinandersetzung mit der komplexen Realität DDR und auch die selbstkritische Aufarbeitung unserer Lebensläufe in diesem Land eher blockiert als gefördert wird (...). Ich weiß, all diese Akten halten nur ein Zerrbild meiner Lebenswirklichkeit fest."
Christa Wolf, 21.1.1993

Ich gebe Christa Wolfs IM-Tätigkeit einen ganz geringen Stellenwert, und ich halte es für unsinnig dieses Faktum so hochzuspielen. Man muss bedenken, dass ihre Arbeit für die Staatssicherheit zu einer Zeit stattfand, als sie noch eine glühende Anhängerin des SED-Regimes war. (...) Dies muss man berücksichtigen und auch, dass sie ihre Tätigkeit nach relativ kurzer Zeit aufgegeben hat. Vor allem aber muss man ihre riesige Opferakte aufwiegen gegen diese Jugendsünde.
Günter de Bruyn

Letzten Endes nur ein kleiner Vorfall, dass sie da zweieinhalb Jahre lang mit den Stasi-Leuten kooperiert hat. Also historisch gesehen, eine kurze Periode. Aber das ist so gravierend, dass sich ein Autor überhaupt mit solchen Leuten auch nur zehn Minuten einlässt, geschweige denn zwei Tage oder zwei Jahre. (...) Dass Autoren wie Christa Wolf so lange ein Ordnungsmodell akzeptiert haben, nicht nur im Kopf, sondern auch in der Seele, in der Überzeugung – das hat auch ihre Kreativität und in der Folge dann wesentliche Teile der Literatur versehrt.
Fritz J. Raddatz

Christa Wolf
Aus einem Brief an Volker Braun

Aber du hast doch niemanden geschadet
                                                   Doch
                                                          Mir selbst
Sie tasten dich
        nach deinen Schwächen ab
und benutzen sie
            als Einfallstor
Sie testen dich wie weit sie gehen können
   Ich nahm den eignen Namen und verdarb ihn mir
   Ich schrieb den Bericht
   Ich ging in die fremde Wohnung
Ich war dreißig   Wie
                langsam wir erwachsen wurden
Entfremdung
        ist die Einsetzung des Fremden
                          in dir selbst
Er soll dich ansehn
               wenn du in dich hineinblickst
das ist
     was die Christen teuflisch nennen
Nein sagen ist mir schwer gefallen
(...)

(1993)

● **Stellung nehmen:**
Zur IM-Tätigkeit von Christa Wolf und den Vorwürfen gegen sie

● **Diskutieren, erörtern:**
Das Verhältnis von Literatur zur Gesellschaft und Politik